Lekti Kreyòl

Liv Aktivite 2

Wilson Douce

Lekti Kreyòl Liv Aktivite 2
By Wilson Douce

© Copyright Wilson Douce 2021
ISBN: 978-1-956241-05-1
Paperback

ALL RIGHTS RESERVED. No part of this book may be reproduced, scanned or transmitted in any forms, digital, audio or printed, without the expressed written consent of the author.

Illustration: Anya Cartwright

Sa ki nan Liv Aktivite 2 a

- Aktivite Leson 1 1
  - Kòd Sekrè - Leson 1 - Vole Avyon - Vokabilè 1
  - Mo Mele - Leson 1 - Vole Avyon -Vokabilè 2
  - Mo Kwaze - Leson 1 - Vole Avyon - Vokabilè 3
  - Paj Revizyon - Leson 1 - Vole Avyon - Vèb ak ekspresyon 4
  - Kòd Sekrè - Leson 1 - Vole Avyon - Vèb ak ekspresyon 5
  - Mo Mele - Leson 1 - Vole Avyon - Vèb ak ekspresyon 6
  - Fraz Gaye - Leson 1 - Vole Avyon - Vèb ak ekspresyon 7
  - Mo Kwaze - Leson 1 -Vole Avyon - Vèb ak ekspresyon 8
  - Mo Kle Enpòtan - Leson 1 - Vole Avyon - Vèb ak ekspresyon 9
  - Sèvi ak Mo Nouvo - Leson 1 - Vole Avyon - Veb ak ekspresyon 10
  - Sinonim - Leson 1 - Vole Avyon - Vèb ak ekspresyon 11
- Aktivite Leson 2 12
  - Mo Kwaze - Leson 2 - Yon Sesyon Mizik - Vokabilè 12
  - Mo Mele - Leson 2 - Yon Sesyon Mizik - Vokabilè 13
  - Sinonim/Antonim - Leson 2 - Yon Sesyon Mizik - Vèb ak ekspresyon 14
  - Rekonèt son - Leson 2 - Yon Sesyon Mizik - Vèb ak ekspresyon 15
  - Sèvi ak Mo Nouvo - Leson 2 - Yon Sesyon Mizik - Vèb ak ekspresyon 16
  - Konplete chak fraz avèk mo ki kòrèk la 16
  - Mo Kle Enpòtan - Leson 2 - Yon Sesyon Mizik - Vèb ak ekspresyon 17
  - Mo Kwaze - Leson 2 - Yon Sesyon Mizik - Vèb ak ekspresyon 18
  - Fraz Gaye - Leson 2 - Yon Sesyon Mizik - Vèb ak ekspresyon 19
  - Mo Mele - Leson 2 - Yon Sesyon Mizik - Vèb ak ekspresyon 20
  - Kòd Sekrè - Leson 2 - Yon Sesyon Mizik - Vèb ak ekspresyon 21
  - Sèvi ak Mo Nouvo - Leson 2 - Yon Sesyon Mizik - Vokabilè 22
- Aktivite Leson 3 23
  - Kòd Sekrè - Leson 3 - Fè Laglisad - Vèb 23
  - Paj Revizyon - Leson 3 - Fè Laglisad - Vèb 24
  - Mo Mele - Leson 3 - Fè Laglisad - Vèb 25
  - Mo Kwaze - Leson 3 - Fè Laglisad - Vèb 26
  - Sèvi ak Mo Nouvo - Leson 3 - Fè Laglisad - Vokabilè 27
  - Mo Kle Enpòtan - Leson 3 - Fè Laglisad - Vokabilè 28
  - Mo Kwaze - Leson 3 - Fè Laglisad - Vokabilè 29

Kòd Sekrè - Leson 3 - Fè Laglisad - Vokabilè...30

Mo Mele - Leson 3 - Fè Laglisad - Vokabilè..31

Aktivite Leson 4..32

Mo Kle Enpòtan - Leson 4 - Nan Yon Match - Vokabilè..32

Mo Kwaze - Leson 4 - Nan Yon Match- Vokabilè..33

Mo Mele - Leson 4 - Nan Yon Match - Vokabilè..34

Kòd Sekrè - Leson 4 - Nan Yon Match - Vokabilè...35

Mo Kle Enpòtan - Leson 4 - Nan Yon Match - Vèb..36

Mo Kwaze - Leson 4 - Nan Yon Match - Vèb...37

Mo Mele - Leson 4 - Nan Yon Match - Vèb..38

Kòd Sekrè - Leson 4 - Nan Yon Match - Vèb...39

Aktivite Leson 5..40

Mo Kle Enpòtan - Leson 5 - Bato Tonton Mwen An - Vokabilè..40

Mo Kwaze - Leson 5 - Bato Tonton Mwen An - Vokabilè...41

Mo Mele - Leson 5 - Bato Tonton Mwen An - Vokabilè..42

Kòd Sekrè - Leson 5 - Sato Tonton Mwen An - Vokabilè...43

Mo Kle Enpòtan - Leson 5 - Bato Tonton Mwen An – Vèb ak ekspresyon......................................44

Mo Kwaze - Leson 5 - Bato Tonton Mwen An - Vèb ak ekspresyon..45

Mo Mele - Leson 5 - Bato Tonton Mwen An - Vèb ak ekspresyon..46

Kòd Sekrè - Leson 5 - Bato Tonton Mwen An - Vèb ak ekspresyon..47

Aktivite Leson 6..48

Sèvi ak Mo Nouvo - Leson 6 - Jwèt Bòlèt - Vèb...48

Mo Kle Enpòtan - Leson 6 - Jwèt Bolèt - Vèb..49

Mo Kwaze - Leson 6 - Jwèt Bòlèt - Vèb...50

Mo Mele - Leson 6 - Jwèt Bòlèt - Vèb..51

Kòd Sekrè - Leson 6 - Jwèt Bòlèt - Vèb...52

Mo Kle Enpòtan - Leson 6 - Jwèt Bòlèt - Vokabilè..53

Mo Kwaze - Leson 6 - Jwèt Bòlèt - Vokabilè...54

Mo Mele - Leson 6 - Jwèt Bòlèt - Vokabilè..55

Kòd Sekrè - Leson 6 - Jwèt Bòlèt - Vokabilè...56

Aktivite Leson 7..57

Mo Kle Enpòtan - Leson 7 - Tounen Nan Travay - Vèb...57

Mo Kwaze - Leson 7 - Tounen Nan Travay - Vèb..58

Mo Mele - Leson 7 - Tounen Nan Travay - Vèb...59

    Kòd Sekrè - Leson 7 - Tounen Nan Travay - Vèb 60

    Mo Kle Enpòtan - Leson 7 - Tounen Nan Travay - Vokabilè 61

    Mo Kwaze - Leson 7 - Tounen Nan Travay - Vokabilè 62

    Mo Mele - Leson 7 - Tounen Nan Travay - Vokabilè 63

    Kòd Sekrè - Leson 7 - Tounen Nan Travay - Vokabilè 64

Aktivite Leson 8..65

    Mo Kwaze - Leson 8 – Lanjelis - Vokabilè 65

    Mo Kle Enpòtan - Leson 8 – Lanjelis - Vokabilè..66

    Mo Mele - Leson 8 - Lanjelis- Vokabilè 67

    Kòd Sekrè - Leson 8 – Lanjelis - Vokabilè 68

    Mo Kwaze - Leson 8 – Lanjelis - Vèb 69

    Mo Kle Enpòtan - Leson 8 – Lanjelis - Vèb 70

    Mo Mele - Leson 8 – Lanjelis - Vokabilè 71

    Kòd Sekrè - Leson 8 – Lanjelis - Vokabilè 72

Aktivite Leson 9..73

    Mo Kle Enpòtan - Leson 9 - Yon Pye Kenèp Mal - Vèb 73

    Mo Kwaze - Leson 9 - Yon Pye Kenèp Mal - Vèb 74

    Mo Mele - Leson 9 - Yon Pye Kenèp Mal - Vèb 75

    Kòd Sekrè - Leson 9 - Yon Pye Kenèp Mal - Vèb 76

    Mo Kwaze - Leson 9 - Yon Pye Kenèp Mal - Vokabilè 77

    Mo Kle Enpòtan - Leson 9 - Yon Pye Kenèp Mal - Vokabilè 78

    Mo Mele - Leson 9 - Yon Pye Kenèp Mal - Vokabilè 80

    Kòd Sekrè - Leson 9 - Yon Pye Kenèp Mal - Vokabilè 81

Aktivite Leson 10..82

    Mo Kle Enpòtan - Leson 10 - Aparans E Karaktè Moun - Vèb ak ekspresyon.......................82

    Mo Mele - Leson 10 - Aparans E Karaktè Moun - Vèb ak espresyon 83

    Kòd Sekrè - Leson 10 - Aparans E Karaktè Moun - Vèb ak espresyon 84

    Mo Kwaze - Leson 10 - Aparans E Karaktè Moun - Vokabilè...85

    Mo Kle Enpòtan - Leson 10 - Aparans E Karaktè Moun - Vokabilè 86

    Mo Mele - Leson 10 - Aparans E Karaktè Moun - Vokabilè 87

    Kòd Sekrè - Leson 10 - Aparans E Karaktè Moun - Vokabilè 88

Aktivite Leson 11..89

    Mo Kwaze - Leson 11 - Yon Lèt Bay Manman Mwen - Vèb...89

    Mo Kle Enpòtan - Leson 11 -Yon Lèt Bay Manman Mwen - Vèb 90

Mo Mele - Leson 11 - Yon Lèt Bay Manman Mwen - Vèb 92

Kòd Sekrè - Leson 11 - Yon Lèt Bay Manman Mwen - Vèb 93

Mo Kwaze - Leson 11 - Yon Lèt Bay Manman Mwen - Vokabilè 94

Mo Kle Enpòtan - Leson 11 - Yon Lèt Bay Manman Mwen - Vokabilè 96

Mo Mele - Leson 11 - Yon Lèt Bay Manman Mwen - Vokabilè 98

Kòd Sekrè - Leson 11 - Yon Lèt Bay Manman Mwen - Vokabilè 99

Aktivite Leson 12 100

Mo Kwaze - Leson 12 - Nan Lopital - Vèb ak ekspresyon 100

Mo Kle Enpòtan - Leson 12 - Nan Lopital - Vèb ak ekspresyon 101

Mo Mele - Leson 12 - Nan Lopital - Vèb ak ekspresyon 102

Kòd Sekrè - Leson 12 - Nan Lopital - Vèb ak ekspresyon 103

Mo Kwaze - Leson 12 - Nan Lopital - Vokabilè 104

Mo Kle Enpòtan - Leson 12 - Nan Lopital - Vokabilè 105

Mo Mele - Leson 12 - Nan Lopital - Vokabilè 106

Kòd Sekrè - Leson 12 - Nan Lopital - Vokabilè 107

Aktivite Leson 13 108

Mo Kle Enpòtan - Leson 13 - Yon Ti Tonèl - Vèb ak ekspresyon 109

Mo Mele - Leson 13 - Yon Ti Tonèl - Vèb ak ekspresyon 110

Kòd Sekrè - Leson 13 - Yon Ti Tonèl - Vèb ak ekspresyon 111

Mo Kwaze - Leson 13 - Yon Ti Tonèl - Vokabilè 112

Mo Kle Enpòtan - Leson 13 - Yon Ti Tonèl - Vokabilè 114

Mo Mele - Leson 13 - Yon Ti Tonèl - Vokabilè 116

Kòd Sekrè - Leson 13 - Yon Ti Tonèl - Vokabilè 117

Aktivite Leson 14 118

Mo Kwaze - Leson 14 - Bòs Fòmann - Vèb ak ekspresyon 118

Mo Kle Enpòtan - Leson 14 - Bòs Fòmann - Vèb ak ekspresyon 119

Mo Mele - Leson 14 - Bòs Fòmann - Vèb ak ekspresyon 120

Kòd Sekrè - Leson 14 - Bòs Fòmann - Vèb ak ekspresyon 121

Mo Kwaze - Leson 14 - Bòs Fòmann - Vokabilè 122

Mo Kle Enpòtan - Leson 14 - Bòs Fòmann - Vokabilè 124

Mo Mele - Leson 14 - Bòs Fòmann - Vokabilè 126

Kòd Sekrè - Leson 14 - Bòs Fòmann - Vokabilè 127

Aktivite Leson 15 128

Mo Kwaze - Leson 15 - Yon Travay Faktori - Vèb ak ekspresyon 128

    Mo Kle Enpòtan - Leson 15 - Yon Travay Faktori - Vèb ak ekspresyon 129

    Kòd Sekrè - Leson 15 - Yon Travay Faktori - Vèb ak ekspresyon 130

    Mo Kwaze - Leson 15 - Yon Travay Faktori - Vokabilè 131

    Mo Kle Enpòtan - Leson 15 - Yon Travay Faktori - Vokabilè 132

    Mo Mele Enpòtan - Leson 15 - Yon Travay Faktori - Vokabilè 133

    Kòd Sekrè - Leson 15 - Yon Travay Faktori - Vokabilè 134

Aktivite Leson 16 135

    Mo Kwaze - Leson 16 - Yon Kous Moto - Vèb ak ekspresyon 135

    Mo Kle Enpòtan - Leson 16 - Yon Kous Moto - Vèb ak ekspresyon 136

    Mo Mele - Leson 16 - Yon Kous Moto - Vèb ak ekspresyon 137

    Kòd Sekrè - Leson 16 - Yon Kous Moto - Vèb ak ekspresyon 138

    Mo Kwaze - Leson 16 - Yon Kous Moto - Vokabilè 139

    Mo Kle Enpòtan - Leson 16 - Yon Kous Moto - Vokabilè 140

    Mo Mele - Leson 16 - Yon Kous Moto - Vokabilè 141

    Kòd Sekrè - Leson 16 - Yon Kous Moto - Vokabilè 142

Aktivite Leson 17 143

    Mo Kwaze - Leson 17 - Nan Makèt La - Vèb ak ekspresyon 143

    Mo Kle Enpòtan - Leson 17 - Nan Makèt La - Vèb ak ekspresyon 144

    Mo Mele - Leson 17 - Nan Makèt La - Vèb ak ekspresyon 145

    Kòd Sekrè - Leson 17 - Nan Makèt La - Vèb ak ekspresyon 146

    Mo Kwaze - Leson 17 - Nan Makèt La - Vokabilè 147

    Mo Kle Enpòtan - Leson 17 - Nan Makèt La - Vokabilè 149

    Mo Mele - Leson 17 - Nan Makèt La - Vokabilè 151

    Kòd Sekrè - Leson 17 - Nan Makèt La - Vokabilè 152

Aktivite Leson 18 153

    Mo Kwaze - Leson 18 - Monte Bisiklèt - Vèb ak ekspresyon 153

    Rechèch Mo - Leson 18 - Monte Bisiklèt - Vèb ak ekspresyon 154

    Mo Kle Enpòtan - Leson 18 - Monte Bisiklèt - Vèb ak ekspresyon 155

    Mo Mele - Leson 18 - Monte Bisiklèt - Vèb ak ekspresyon 156

    Kòd Sekrè - Leson 18 - Monte Bisiklèt - Vèb ak ekspresyon 157

    Mo Kwaze - Leson 18 - Monte Bisiklèt - Vokabilè 158

    Rechèch Mo - Leson 18 - Monte Bisiklèt - Vokabilè 159

    Mo Kle Enpòtan - Leson 18 - Monte Bisiklèt - Vokabilè 160

    Mo Mele - Leson 18 - Monte Bisiklèt - Vokabilè 161

Kòd Sekrè - Leson 18 - Monte Bisiklèt - Vokabilè	162
Aktivite Leson 19	**163**
Mo Kwaze - Leson 19 - Nan Mache - Vèb ak ekspresyon	163
Mo Kle Enpòtan - Leson 19 - Nan Mache - Vèb ak ekspresyon	165
Mo Mele - Leson 19 - Nan Mache - Vèb ak ekspresyon	166
Kòd Sekrè - Leson 19 - Nan Mache - Vèb ak ekspresyon	167
Mo Kwaze - Leson 19 - Nan Mache - Vokabilè	168
Rechèch Mo - Leson 19 - Nan Mache - Vokabilè	170
Mo Kle Enpòtan - Leson 19 - Nan Mache - Vokabilè	171
Mo Mele - Leson 19 - Nan Mache - Vokabilè	173
Kòd Sekrè - Leson 19 - Nan Mache - Vokabilè	175
Aktivite Leson 20	**177**
Mo Kwaze - Leson 20 - Pran Taptap - Vèb ak ekspresyon	177
Mo Kle Enpòtan - Leson 20 - Pran Taptap - Vèb ak ekspresyon	178
Mo Mele - Leson 20 - Pran Taptap - Vèb ak ekspresyon	179
Kòd Sekrè - Leson 20 - Pran Taptap - Vèb ak ekspresyon	180
Mo Kwaze - Leson 20 - Pran Taptap - Vokabilè	181
Mo Kle Enpòtan - Leson 20 - Pran Taptap - Vokabilè	182
Mo Mele - Leson 20 - Pran Taptap - Vokabilè	183
Kòd Sekrè - Leson 20 - Pran Taptap - Vokabilè	184
Aktivite Leson 21	**185**
Mo Kwaze - Leson 21 - Ale Nan Lanmè - Vèb ak ekspresyon	185
Mo Kle Enpòtan - Leson 21 - Ale Nan Lanmè - Vèb ak ekspresyon	187
Mo Mele - Leson 21 - Ale Nan Lanmè - Vèb ak ekspresyon	189
Kòd Sekrè - Leson 21 - Ale Nan Lanmè - Vèb ak ekspresyon	191
Mo Kwaze - Leson 21 - Ale Nan Lanmè - Vokabilè	193
Mo Kle Enpòtan - Leson 21 - Ale Nan Lanmè - Vokabilè	195
Mo Mele - Leson 21 - Ale Nan Lanmè - Vokabilè	197
Kòd Sekrè - Leson 21 - Ale Nan Lanmè - Vokabilè	198
Aktivite Leson 22	**199**
Mo Kwaze - Leson 22 - Vwayaje Lòtbò Dlo - Vèb ak ekspresyon	199
Mo Kle Enpòtan - Leson 22 - Vwayaje Lòtbò Dlo - Vèb ak ekspresyon	201
Mo Mele - Leson 22 - Vwayaje Lòtbò Dlo - Vèb ak ekspresyon	202
Kòd Sekrè - Leson 22 - Vwayaje Lòtbò Dlo - Vèb ak ekspresyon	203

- Mo Kwaze - Leson 22 - Vwayaje Lòtbò Dlo - Vokabilè 204
- Mo Kle Enpòtan - Leson 22 - Vwayaje Lòtbò Dlo - Vokabilè 206
- Mo Mele - Leson 22 - Vwayaje Lòtbò Dlo - Vokabilè 207
- Kòd Sekrè - Leson 22 - Vwayaje Lòtbò Dlo 208

Aktivite Leson 23 209
- Mo Kwaze - Leson 23 - Yon Timoun Fèt - Vèb ak ekspresyon 209
- Mo Kle Enpòtan - Leson 23 - Yon Timoun Fèt - Vèb ak Ekspresyon 210
- Mo Mele - Leson 23 - Yon Timoun Fèt - Vèb ak Ekspresyon 211
- Kòd Sekrè - Leson 23 - Yon Timoun Fèt - Vèb ak Ekspresyon 212
- Mo Kwaze - Leson 23 - Yon Timoun Fèt - Vokabilè 213
- Mo Kle Enpòtan - Leson 23 - Yon Timoun Fèt - Vokabilè 214
- Mo Mele - Leson 23 - Yon Timoun Fèt - Vokabilè 215
- Kòd Sekrè - Leson 23 - Yon Timoun Fèt - Vokabilè 216

Aktivite Leson 24 217
- Mo Kwaze - Leson 24 - Yon Ka Lanmò - Vèb ak Ekspresyon 217
- Mo Kle Enpòtan - Leson 24 - Yon Ka Lanmò - Vèb ak Ekspresyon 219
- Mo Mele - Leson 24 - Yon Ka Lanmò - Vèb ak Ekspresyon 221
- Kòd Sekrè - Leson 24 - Yon Ka Lanmò - Vèb ak Ekspresyon 222
- Mo Kwaze - Leson 24 -Yon Ka Lanmò - Vokabilè 223
- Mo Kle Enpòtan - Leson 24 -Yon Ka Lanmò - Vokabilè 224
- Mo Mele - Leson 24 -Yon Ka Lanmò - Vokabilè 225
- Kòd Sekrè - Leson 24 - Yon Ka Lanmò - Vokabilè 226

Aktivite Leson 25 227
- Mo Kwaze - Leson 25 - Anbago - Vèb ak ekspresyon 227
- Mo Kle Enpòtan - Leson 25 - Anbago - Vèb ak ekspresyon 228
- Mo Mele - Leson 25 - Anbago - Vèb ak ekspresyon 229
- Kòd Sekrè - Leson 25 - Anbago - Vèb ak ekspresyon 230
- Mo Kwaze - Leson 25 - Anbago - Vokabilè 231
- Mo Kle Enpòtan - Leson 25 - Anbago - Vokabilè 233
- Mo Mele - Leson 25 - Anbago - Vokabilè 234
- Kòd Sekrè - Leson 25 - Anbago - Vokabilè 235

Konsiltasyon 236

Aktivite Leson 1

Kòd Sekrè - Leson 1 - Vole Avyon - Vokabilè

Non: _____ Klas: _____ Dat: _____

Dekode mo a nan chak fraz.

1. Mwen reyalize ____ ____ ____ mwen.
   znm

2. Apre mwen fini pase yon bon ti tan nan yon lekòl pilòt nan peyi ____ ____ ____ ____ ____ ____, mwen ka pilote avyon.
   knfcbi

3. Mwen te ____ ____ ____ ____ ____ ____ pran tan pou gade avyon k' ap vole.
   jewcew

4. ____ ____ ____ ____ ____ mwen satisfè.
   cetbsr

5. Lè mwen te piti, se te ____ ____ ____ ____ ____ ____ mwen.
   qrvsed

6. Apre mwen fini pase yon bon ti tan nan yon ____ ____ ____ ____ ____ pilòt nan peyi Bèljik, mwen ka pilote avyon.
   fnief

7. Lè mwen te ____ ____ ____ ____, se te pasyon mwen.
   qbjb

8. Men, mwen te pi fanatik ____ ____ ____ ____ ____.
   rmsed

9. Mwen te toujou pran ____ ____ ____ pou gade avyon k' ap vole.
   jrd

10. Men, mwen te pi ____ ____ ____ ____ ____ ____ ____ avyon.
    ardrjbi

11. Apre mwen fini pase yon bon ti tan nan yon lekòl ____ ____ ____ ____ ____ nan peyi Bèljik, mwen ka pilote avyon.
    qbfej

12. ____ ____ ____ ____ ____ ____ ____ ____ te enterese mwen tou.
    nfbieqjn

13. Mwen ____ ____ ____ ____ ____ ____ sa anpil.
    iedjrd

Kòd Sekrè:

a	b	c	d	è	f	g	h	i	j	k	l	m	n	o	p	q	r	s	t	u	v	w	x	y	z
r	k	y	t	n	a	h	g	b	c	i	f	o	d	e	q	u	z	v	j	w	m	x	l	s	p

Chwazi repons ou yo pami mo sa yo:

| avyon | fanatik | rèv | Jodiya | lekòl | toujou | piti |
| Elikoptè | pilòt | Bèljik | kontan | tan | pasyon | |

Mo Mele - Leson 1 - Vole Avyon - Vokabilè

Non: _____ Klas: _____ Dat: _____

Chak fraz gen yon mo ki Mele. Demele mo a.

1. Mwen te ____ ____ ____ ____ ____ ____ pran tan pou gade avyon k' ap vole.
   uoutoj

2. Mwen reyalize ____ ____ ____ mwen.
   vèr

3. Apre mwen fini pase yon bon ti tan nan yon ____ ____ ____ ____ ____ pilòt nan peyi Bèljik, mwen ka pilote avyon.
   òlkel

4. ____ ____ ____ ____ ____ ____ ____ ____ te enterese mwen tou.
   oEltkipè

5. Apre mwen fini pase yon bon ti tan nan yon lekòl ____ ____ ____ ____ ____ nan peyi Bèljik, mwen ka pilote avyon.
   plitò

6. ____ ____ ____ ____ ____ ____ mwen satisfè.
   Jdoyai

7. Men, mwen te pi ____ ____ ____ ____ ____ ____ ____ avyon.
   tikaafn

8. Men, mwen te pi fanatik ____ ____ ____ ____ ____.
   yaovn

9. Apre mwen fini pase yon bon ti tan nan yon lekòl pilòt nan peyi ____ ____ ____ ____ ____ ____ mwen ka pilote avyon.
   Bklijè

10. Mwen ____ ____ ____ ____ ____ ____ sa anpil.
    ntaonk

11. Lè mwen te ____ ____ ____ ____, se te pasyon mwen.
    ipit

12. Lè mwen te piti, se te ____ ____ ____ ____ mwen.
    oyansp

13. Mwen te toujou pran ____ ____ ____ pou gade avyon k' ap vole.
    ant

Chwazi repons ou yo pami mo sa yo:

toujou	Elikoptè	Bèljik	pasyon	pilot	rèv	lekòl
fanatik	Jodiya	piti	kontan	tan	avyon	

Mo Kwaze - Leson 1 - Vole Avyon - Vokabilè

Non: _____ Klas: _____ Dat: _____

Sèvi ak rezilta ou jwenn nan aktivite ak fraz yo pou konplete mo kwaze a.

An travè
1. Mwen te ____ ____ ____ ____ ____ ____ pran tan pou gade avyon k' ap vole.
3. Lè mwen te ____ ____ ____ ____ , se te pasyon mwen.
4. ____ ____ ____ ____ ____ ____ ____ ____ te enterese mwen tou.
5. Men, mwen te pi ____ ____ ____ ____ ____ ____ ____ ____ avyon.
6. Men, mwen te pi fanatik ____ ____ ____ ____ ____ .

Anba
1. ____ ____ ____ ____ ____ ____ mwen satisfè.

2. Apre mwen fini pase yon bon ti tan nan yon lekòl pilòt nan peyi ____ ____ ____ ____ ____ ____ mwen ka pilote avyon.

3. Apre mwen fini pase yon bon ti tan nan yon lekòl ____ ____ ____ ____ ____ nan peyi Bèljik, mwen ka pilote avyon.

4. Mwen ____ ____ ____ ____ ____ ____ sa anpil.

5. Apre mwen fini pase yon bon ti tan nan yon ____ ____ ____ ____ ____ pilòt nan peyi Bèljik, mwen ka pilote avyon.

6. Mwen te toujou pran ____ ____ ____ pou gade avyon k' ap vole.

7. Lè mwen te piti, se te ____ ____ ____ ____ mwen.

8. Mwen reyalize ____ ____ ____ mwen.

Chwazi repons ou yo pami mo sa yo:
Elikoptè	fanatik	piti	rèv	Jodiya	pasyon	tan
toujou	avyon	pilòt	kontan	Bèljik	lekòl	

Paj Revizyon - Leson 1 - Vole Avyon - Vèb ak ekspresyon

Non: _____ Klas: _____ Dat: _____

Sèvi ak mo ki souliye yo pou ekri pwòp fraz pa w.

1. pase — Apre mwen fini <u>pase</u> yon bon ti tan nan yon lekòl pilòt nan peyi Bèljik, mwen ka pilote avyon.

_____

2. gade — Mwen te toujou pran tan pou <u>gade</u> avyon k' ap vole.

_____

3. satisfè — Jodiya mwen <u>satisfè</u>.

_____

4. pilote — Apre mwen fini pase yon bon ti tan nan yon lekòl pilòt nan peyi Bèljik, mwen ka <u>pilote</u> avyon

_____

5. se — Lè mwen te piti, <u>se</u> te pasyon mwen.?

_____

6. reyalize — Mwen <u>reyalize</u> rèv mwen.

_____

7. se te pasyon mwen — Lè mwen te piti, <u>se te pasyon mwen</u>.

_____

8. Enterese — Elikoptè te <u>enterese</u> mwen tou .

_____

9. pran — Mwen te toujou <u>pran</u> tan pou gade avyon k' ap vole.

_____

Kòd Sekrè - Leson 1 - Vole Avyon - Vèb ak ekspresyon

Non: _____ Klas: _____ Dat: _____

Dekode mo a nan chak fraz.

1. Lè mwen te piti, ____ ____ te pasyon mwen.?
   xa

2. Elikoptè te ____ ____ ____ ____ ____ ____ ____ ____ mwen tou.
   ahpadaxa

3. Apre mwen fini pase yon bon ti tan nan yon lekòl pilòt nan peyi Bèljik, mwen ka ____ ____ ____ ____ ____ avyon.
   lzbfpa

4. Jodiya mwen ____ ____ ____ ____ ____ ____ ____ .
   xvpzxq

5. Lè mwen te piti, ____ ____ ____ ____ ____ ____ ____ ____ ____ ____ ____ ____ ____ ____ .
   xapalvxrfhosah

6. Mwen te toujou pran tan pou ____ ____ ____ ____ avyon k' ap vole.
   evja

7. Mwen ____ ____ ____ ____ ____ ____ ____ revmwen.
   darvbzwa

8. Mwen te toujou ____ ____ ____ ____ tan pou gade avyon k' ap vole.
   ldvh

9. Apre mwen fini ____ ____ ____ ____ yon bon ti tan nan yon lekòl pilot nan peyi Bèljk, mwen ka pilote avyon.
   lvxa

Kòd Sekrè:

a	b	c	d	e	f	g	h	i	j	k	l	m	n	o	p	q	r	s	t	u	v	w	x	y	z
v	g	m	j	a	q	e	n	z	y	t	b	o	h	f	l	i	d	x	p	k	u	s	c	r	w

Mo Mele - Leson 1 - Vole Avyon - Vèb ak ekspresyon

Non: _____ Klas: _____ Dat: _____

Chak fraz gen yon mo ki Mele. Demele mo a.

1. Mwen te toujou pran tan pou ____ ____ ____ ____ avyon k' ap vole.
   aged

2. Lè mwen te piti, ____ ____ te pasyon mwen.
   es

3. Mwen ____ ____ ____ ____ ____ ____ ____ ____ rèv mwen.
   zlyeiear

4. Elikoptè te ____ ____ ____ ____ ____ ____ ____ ____mwen tou.
   etreeesn

5. Apre mwen fini pase yon bon ti tan nan yon lekòl pilòt nan peyi Bèljik, mwen ka ____ ____ ____ ____ ____ ____ avyon.
   lteipo

6. Jodiya mwen ____ ____ ____ ____ ____ ____ ____.
   èsstiaf

7. Mwen te toujou ____ ____ ____ ____ tan pou gade avyon k' ap vole.
   nrap

8. Apre mwen fini ____ ____ ____ ____ yon bon ti tan nan yon lekòl pilòt nan peyi Bèljik, mwen ka pilote avyon.
   aesp

9. Lè mwen te piti, ___ ___ ___ ___ ___ ___ ___ ___ ___ ___ ___ ___ ___ ___.
   aetesyoeswpnmn

<u>**Chwazi repons ou yo pami mo sa yo:**</u>

se	pase	gade	enterese
satisfè	pran	se te pasyon mwen	reyalize
Pilote			

Fraz Gaye - Leson 1 - Vole Avyon - Vèb ak ekspresyon

Non: _____ Klas: _____ Dat: _____

Fraz sa yo Mele. Demele yo pou yo ka fè sans.

1. avyon vole gade tan k' te pran pou ap mwen toujou
_____
_____

2. pilòt nan mwen pase fini apre bon tan avyon yon lekòl nan ti yon pilote Bèljik mwen peyi ka
_____
_____

3. mwen mwen reyalize rèv
_____
_____

4. mwen mwen? pasyon lè te piti te se
_____
_____

5. te elikoptè enterese tou mwen
_____
_____

6. jodiya satisfè mwen
_____
_____

7. te vole mwen tan pran avyon ap pou gade k' toujou
_____
_____

8. pilote mwen avyon nan peyi nan pilòt yon lekòl ban mwen fini yon ti ka Bèljik pase tan apre
_____
_____

9. mwen piti te se lè mwen pasyon te
_____
_____

7

Mo Kwaze - Leson 1 - Vole Avyon - Vèb ak ekspresyon

Non: _____ Klas: _____ Dat: _____

Sèvi ak rezilta ou jwenn nan aktivite ak fraz yo pou konplete mo kwaze a.

An travè

6. Lè mwen te piti ___ ___ ___ ___ ___ ___ ___ ___ ___ ___ ___ ___ ___ ,

7. Jodiya mwen ___ ___ ___ ___ ___ ___ ___ .

8. Elikoptè te ___ ___ ___ ___ ___ ___ ___ ___ mwen tou.

Anba

1. Mwen te toujou pran tan pou ___ ___ ___ ___ avyon k' ap vole.

2. Apre mwen fini ___ ___ ___ ___ yon bon ti tan nan yon lekol pilòt nan peyi Bèljik, mwen ka pilote avyon.

3. Mwen ___ ___ ___ ___ ___ ___ ___ ___ rèv mwen.

4. Apre mwen fini pase yon bon ti tan nan yon lekòl pilòt nan peyi Bèljik, mwen ka ___ ___ ___ ___ ___ ___ avyon.

5. Mwen te toujou ___ ___ ___ ___ tan pou gade avyon k' ap vole.

6. Lè mwen te piti, ___ ___ te pasyon mwen.?

Chwazi repons ou yo pami mo sa yo:

pase	enterese	pran	pilote
reyalize	satisfè	se	gade
se te pasyon mwen			

Mo Kle Enpòtan - Leson 1 - Vole Avyon - Vèb ak ekspresyon

Non: _____ Klas: _____ Dat: _____

Sèvi ak mo sa yo pou diskite e/oubyen pou ekri.

gade

pase

pilote

enterese

pran

reyalize

satisfè

se

se te pasyon mwen

Sèvi ak Mo Nouvo - Leson 1 - Vole Avyon - Veb ak ekspresyon

Non: _____ Klas: _____ Dat: _____

Mo ki nan yon fraz kapab ede w jwenn yon mo ou pa konnen.

Konplete chak fraz avèk mo ki kòrèk la.

pilote	reyalize	enterese	pran
gade	pase	satisfe	se te pasyon mwen
se			

1. Lè mwen te piti, _____.

2. Apre mwen fini. pase yon bon ti tan nan yon lekòl pilòt nan peyi Bèljik, mwen ka _____ avyon.

3. Mwen _____ rèv mwen.

4. Elikoptè te _____ mwen tou.

5. Jodiya mwen _____.

6. Mwen te toujou pran tan pou _____ av yon k' ap vole.

7. Mwen te toujou _____ tan pou gade avyon k' ap vole.

8. Lè mwen te piti, _____ te pasyon mwen.?

9. Apre mwen fini _____ yon bon ti tan nan yon lekòl pilòt nan peyi Bèljik, mwen ka pilote avyon.

10

Sinonim - Leson 1 - Vole Avyon - Vèb ak ekspresyon
Non: _____ Klas: _____ Dat: _____

Li chak fraz, epi ekri yon mo ki se yon sinonim mo ki souliye a.

1. Elikoptè te <u>enterese</u> mwen tou.

   _____

2. Apre mwen fini <u>pase</u> yon bon ti tan nan yon lekòl pilòt nan peyi Bèljik, mwen ka pilote avyon.

   _____

3. Mwen te toujou <u>pran</u> tan pou gade avyon k' ap vole.

   _____

4. Mwen <u>reyalize</u> rèv mwen.

   _____

5. Apre mwen fini pase yon bon ti tan nan yon lekòl pilòt nan peyi Bèljik, mwen ka <u>pilote</u> avyon.

   _____

6. Lè mwen te <u>piti</u>, se te pasyon mwen.?

   _____

7. Lè mwen te piti, <u>se te pasyon mwen</u>.

   _____

8. Jodiya mwen <u>satisfè</u>.

   _____

9. Mwen te toujou pran tan pou <u>gade</u> avyon k' ap vole.

Aktivite Leson 2
Mo Kwaze - Leson 2 - Yon Sesyon Mizik - Vokabilè

Non: _____ Klas: _____ Dat: _____

Sèvi ak rezilta ou jwenn nan aktivite ak fraz yo pou konplete mo kwaze a.

An travè
4. Kè mwen kontan ___ ___ ___ ___ ___.
5. Enstriman ___ ___ ___ ___ kon enstriman van, yo tout ap bay bon son.
6 ___ ___ ___ ___ ___ ___ kou twonbòn, klarinèt kou flit, gita kou pyano yo tout ap chante.
7. Twonpèt kou twonbòn, klarinèt kou flit, ___ ___ ___ ___ kou pyano yo tout ap chante.
8. Mwen renmen bon ___ ___ ___.

Anba
1. Twonpèt kou twonbòn, ___ ___ ___ ___ ___ ___ ___ ___ kou flit, gita kou pyano yo tout ap chante.
2. Enstriman a kòd kon enstriman ___ ___ ___, yo tout ap bay bon son.
3. Twonpèt kou twonbòn, klarinèt kou ___ ___ ___ ___, gita kou pyano yo tout ap chante.
4. Mwen tande yon bèl ___ ___ ___ ___ ___.
5. ___ ___ ___ ___ ___ ___ ___ ___ ___ yo te fèk koumanse jwe.
6. Twonpèt kou ___ ___ ___ ___ ___ ___ ___, klarinèt kou flit, gita kou pyano yo tout ap chante.
8. Mwen santi mwen nan ___ ___ ___.

Chwazi repons ou yo pami mo sa yo:
twonbòn	klarinèt	akòd	amoni	anpil	son
syèl	Twonpet	gita	flit	van	Enstriman

12

Mo Mele - Leson 2 - Yon Sesyon Mizik - Vokabilè

Non: _____ Klas: _____ Dat: _____

Chak fraz gen yon mo ki mele. Demele mo a.

1. Mwen renmen bon ____ ____ ___.
   ons

2. Twonpèt kou twonbòn, klarinèt kou flit, ____ ____ ____ ____ kou pyano yo tout ap chante.
   igat

3. Twonpèt kou ___ ___ ___ ___ ___ ___, klarinèt kou flit, gita kou pyano yo tout ap chante.
   tbwonn

4. ___ ___ ___ ___ ___ ___ kou twonbòn, klarinèt kou flit, gita kou pyano yo tout ap chante.
   wpoTnt

5. Enstriman a kòd kon enstriman ____ ____ ____ , yo tout ap bay bon son.
   avn

6. Mwen santi mwen nan ____ ____ ____.
   ysl

7. Twonpèt kou twonbòn, ___ ___ ___ ___ ___ ___ ___ kou flit, gita kou pyano yo tout ap chante.
   rlatnki

8. Twonpèt kou twonbòn, klarinet kou ___ ___ ___ ___ , gita kou pyano yo tout ap chante.
   flit

9. Mwen tande yon bèl ___ ___ ___ ___ ___.
   onima

10. Enstriman ___ ___ ___ kon enstriman van, yo tout ap bay bon son.
    kad

11. Kè mwen kontan ___ ___ ___ ___ ___ .
    nlpai

12. ___ ___ ___ ___ ___ ___ ___ ___ ___ yo te fèk koumanse jwe.
    Emitannsr

Chwazi repons ou yo pami mo sa yo:

| klarinèt | Twonpèt | akòd | twonbòn | anpil | syèl |

gita   Enstriman   amoni   son   flit   van

Sinonim/Antonim - Leson 2 - Yon Sesyon Mizik - Vèb ak ekspresyon

Non: _____ Klas: _____ Dat: _____

Li chak fraz, epi ekri yon mo ki se yon sinonim mo ki souliye a.

1. Mwen <u>tande</u> yon bèl amoni.

_____

2. Enstriman yo te fèk <u>koumanse</u> jwe.

_____

3. Mwen <u>renmen</u> bon son.

_____

4. Twonpèt kou twonbòn, <u>klarinèt</u> kou flit, gita kou pyano yo tout ap chante.

_____

5. Mwen <u>santi</u> mwen nan syèl.

_____

6. Enstriman a kòd kon enstriman van, yo tout ap <u>bay</u> bon son.

_____

14

Rekonèt son - Leson 2 - Yon Sesyon Mizik - Vèb ak ekspresyon

Non: _____ Klas: _____ Dat: _____

Li chak fraz. Yon mo nan chak fraz gen menm son ou tande nan [kòmansman/fen _____ (egzanp: "pen"). Ansèkle/ekri mo sa a epi ekri fraz pa w avèk mo sa a.

1. Mwen renmen bon son.
_____

_____

2. Mwen santi mwen nan syèl.
_____

_____

3. Twonpèt kou twonbòn, klarinèt kou flit, gita kou pyano yo tout ap chante.
_____

_____

4. Enstriman yo te fèk koumanse jwe.
_____

_____

5. Enstriman a kòd kon enstriman van, yo tout ap bay bon son.
_____

_____

6. Mwen tande yon bèl amoni
_____

_____

15

Sèvi ak Mo Nouvo - Leson 2 - Yon Sesyon Mizik - Vèb ak ekspresyon

Non: _____ Klas: _____ Dat: _____

**Mo ki nan yon fraz kapab ede w jwenn siyifikasyon yon mo ou pa konnen.
Konplete chak fraz avèk mo ki kòrèk la.**

santi   tande   renmen   bay   koumanse   klarin

1. Mwen _____ bon son.

2. Mwen _____ yon bèl amoni.

3. Twonpèt kou twonbòn, _____ èt kou flit, gita kou pyano yo tout ap chante.

4. Enstriman a kòd kon enstriman van, yo tout ap _____ bon son.

5. Enstriman yo te fèk _____ jwe.

6. Mwen _____ mwen nan syèl.

Mo Kle Enpòtan - Leson 2 - Yon Sesyon Mizik - Vèb ak ekspresyon

Non: _____ Klas: _____ Dat: _____

Ekri fraz ak mo sa yo.

renmen

bay

koumanse

tande

klarinèt

santi

Mo Kwaze - Leson 2 - Yon Sesyon Mizik - Vèb ak ekspresyon

Non: _____ Klas: _____ Dat: _____

Sèvi ak rezilta ou jwenn nan aktivite ak fraz yo pou konplete mo kwaze a.

An travè
1. Enstriman yo te fèk ___ ___ ___ ___ ___ ___ ___ ___ jwe.

2. Enstriman a kòd kon enstriman van, yo tout ap ___ ___ ___ bon son.

3. Mwen ___ ___ ___ ___ ___ mwen nan syèl.

4. Mwen ___ ___ ___ ___ ___ ___ bon son.

Anba
1. Twonpèt kou twonbòn, ___ ___ ___ ___ ___ ___ ___ ___ kou flit, gita kou pyano yo tout ap chante.

2. Mwen ___ ___ ___ ___ ___ yon bèl amoni.

Chwazi repons ou yo pami mo sa yo:
renmen   tande   santi   klarin(èt)   bay
koumanse

Fraz Gaye - Leson 2 - Yon Sesyon Mizik - Vèb ak ekspresyon

Non: _____ Klas: _____ Dat: _____

Fraz sa yo mele. Reranje yo pou yo ka fè sans.

1. yo jwe. enstriman koumanse fèk te

_____

_____

2. a yo kon bon van, tout enstriman bay ap enstriman son. kòd

_____

_____

3. bon son. mwen renmen

_____

_____

4. mwen syèl. nan santi mwen

_____

_____

5. kou yo twonpèt ap tout klarinèt kou pyano chante. flit, kou gita twonbòn,

_____

_____

6. amoni. yon tande mwen bèl

_____

_____

Mo Mele - Leson 2 - Yon Sesyon Mizik - Vèb ak ekspresyon

Non: _____ Klas: _____ Dat: _____

Chak fraz gen yon mo ki mele. Demele mo a.

1. Mwen ___ ___ ___ ___ ___ ___ bon son.
   neemrn

2. Enstriman yo te fèk ___ ___ ___ ___ ___ ___ ___ ___ jwe.
   sukaneom

3. Mwen ___ ___ ___ ___ ___ mwen nan syèl.
   tasin

4. Twonpèt kou twonbòn, ___ ___ ___ ___ ___ ___ ___ kou flit, gita kou pyano yo tout ap chante.
   ètlkniar

5. Mwen ___ ___ ___ ___ ___ yon bèl amoni.
   adten

6. Enstriman a kòd kon enstriman van, yo tout ap ___ ___ ___ bon son.
   yab

<u>**Chwazi repons ou yo pami mo sa yo:**</u>

| klarinèt | koumanse | tande | renmen | santi | bay |

Kòd Sekrè - Leson 2 - Yon Sesyon Mizik - Vèb ak ekspresyon

Non: _____ Klas: _____ Dat: _____

Nan chak fraz dekode mo a.

1. Twonpèt kou twonbòn, __ __ __ __ __ __ èt kou f li tgita kou pyano yo tout ap chante.
   qycxub

2. Mwen ___ ___ ___ ___ ___ yon bèl amoni.
   ecblg

3. Enstriman a kòd kon enstriman van, yo tout ap ___ ___ ___ bon son.
   kcp

4. Mwen ___ ___ ___ ___ ___ ___ bon son.
   xgbngb

5. Mwen ___ ___ ___ ___ ___ mwen nan syèl.
   scbeu

6. Enstriman yo te fèk ___ ___ ___ ___ ___ ___ ___ ___ jwe.
   qwjncbsg

Kòd Sekrè:

a	b	c	d	e	f	g	h	i	j	k	l	m	n	o	p	q	r	s	t	u	v	w	x	y	z
c	k	a	l	g	o	d	h	u	m	q	y	n	b	w	z	v	x	s	e	j	t	r	f	p	i

Sèvi ak Mo Nouvo - Leson 2 - Yon Sesyon Mizik - Vokabilè

Non: _____ Klas: _____ Dat: _____

Konplete chak fraz avèk mo ki kòrèk la.

| anpil | akòd | amoni | syèl | Enstriman | son |
| gita | twonbòn | van | flit | klarinet | Twonpèt |

1. Enstriman _____ kon enstriman van, yo tout ap bay bon son.

2. _____ kou twonbòn, klarinèt kou flit, gita kou pyano yo tout ap chante.

3. Mwen tande yon bèl _____.

4. Enstriman a kòd kon enstriman _____ , yo tout ap bay bon son.

5. Mwen santi mwen nan _____.

6. Twonpèt kou twonbòn, klarinèt kou flit, _____ kou pyano yo tout ap chante.

7. Mwen renmen bon _____.

8. Twonpèt kou _____ , klarinèt kou flit, gita kou pyano yo tout ap chante.

9. Twonpèt kou twonbòn, klarinèt kou _____, gita kou pyano yo tout ap chante.

10. _____ yo te fèk koumanse jwe.

11. Kè mwen kontan _____.

12. Twonpèt kou twonbòn, _____ kou flit, gita kou pyano yo tout ap chante.

Aktivite Leson 3
Kòd Sekrè - Leson 3 - Fè Laglisad - Vèb

Non: _____ Klas: _____ Dat: _____

Nan chak fraz dekode mo a.

1. Men ___ ___ ___ ___ ___ ___ grav.
   pgxilg

2. Mwen menm ak ti zanmi mwen yo, nou ___ ___ ___ ___ ___ sou mòn bò lakay.
   qcmlg

3. Lè mwen te piti mwen te ___ ___ ___ anpil amizman.
   dgs

4. Pafwa nou ___ ___ ___ ___ ___ je nou n'ap desann.
   vgqgs

5. Men pafwa, lè nou pa ___ ___ ___ ___ ___ ___ ___ ___ ___ ___ ___ ___, nou konn gen kèk grafonyen.
   xkisxkgncphcs

6. Nou te sèvi ak yon moso katon, nou ___ ___ ___ ___ ___ sou li epi nou leve de pye nou anlè.
   ajoli

7. ___ ___ te bèl plezi.
   pg

8. Nan tout sa mwen te konn fè, mwen ___ ___ ___ ___ ___ laglisad.
   pcsrg

Kòd Sekrè:

↑ a b c d e f g h i j k l m n o p q r s t u v w x y z ↑
  i z a w g v d j o r n e q s c x f k p l m b t y h u

Chwazi repons ou yo pami mo sa yo:

| pran prekosyon | chita | gen | sonje |
| moute | fèmen | Se | se pa te |

23

Paj Revizyon - Leson 3 - Fè Laglisad - Vèb

Non: _____ Klas: _____ Dat: _____

Sèvi ak mo ki souliye yo pou ekri pwòp fraz pa w.

1. **moute** Mwen menm ak ti zanmi mwen yo, nou <u>moute</u> sou mòn bò lakay.

2. **fèmen** Pafwa nou <u>fèmen</u> je nou n'ap desann.

3. **sonje** Nan tout sa mwen te konn fè, mwen <u>sonje</u> laglisad.

4. **gen** Lè mwen te piti mwen te <u>gen</u> anpil amizman.

5. **chita** Nou te sèvi ak yon moso katon, nou <u>chita</u> sou li epi nou leve de pye nou anlè.

6. **pran prekosyon** Men pafwa, lè nou pa <u>pran prekosyon</u>, nou konn gen kèk grafonyen.

7. **Se** <u>Se</u> te bèl plezi.

8. **se pa te** Men <u>se pa te</u> grav.

Mo Mele - Leson 3 - Fè Laglisad - Vèb

Non: _____ Klas: _____ Dat: _____

Chak fraz gen yon mo ki Mele. Demele mo a.

1. Nan tout sa mwen te konn fè, mwen ___ ___ ___ ___ ___ laglisad.
   nejso

2. Pafwa nou ___ ___ ___ ___ ___ je nou n'ap desann.
   fnème

3. Men pafwa, lè nou pa ___ ___ ___ ___ ___ ___ ___ ___ ___ ___ ___ ___, nou konn gen kèk grafonyen.
   nsrppamyoeko

4. Men ___ ___ ___ ___ ___ ___ grav.
   apeste

5. ___ ___ te bèl plezi.
   es

6. Mwen menm ak ti zanmi mwen yo, nou ___ ___ ___ ___ ___ sou mòn bò lakay.
   ouetm

7. Lè mwen te piti mwen te ___ ___ ___ anpil amizman.
   eng

8. Nou te sèvi ak yon moso katon, nou ___ ___ ___ ___ ___ sou li epi nou leve de pye nou anlè.
   ctaih

<u>**Chwazi repons ou yo pami mo sa yo:**</u>

| Se | se pa te | moute | sonje |
| pran prekosyon | chita | fèmen | gen |

25

Mo Kwaze - Leson 3 - Fè Laglisad - Vèb

Non: _____ Klas: _____ Dat: _____

Sèvi ak rezilta ou jwenn nan aktivite ak fraz yo pou konplete mo kwaze a.

An travè

1. ___ ___ te bèl plezi.

2. Nou te sèvi ak yon moso katon, nou ___ ___ ___ ___ ___ sou li epi nou leve de pye nou anlè.

3. Men pafwa, lè nou pa ___ ___ ___ ___ ___ ___ ___ ___ ___ ___ ___ ___ , nou konn gen kèk grafonyen.

4. Lè mwen te piti mwen te ___ ___ ___ anpil amizman.

5. Mwen menm ak ti zanmi mwen yo, nou ___ ___ ___ ___ ___ sou mòn bò lakay.

Anba

1. Men ___ ___ ___ ___ ___ ___ grav.

2. Pafwa nou ___ ___ ___ ___ je nou n'ap desann.

3. Nan tout sa mwen te konn fè, mwen ___ ___ ___ ___ ___ laglisad.

Chwazi repons ou yo pami mo sa yo:

sonje	fèmen	chita	se pa te
moute	pran prekosyon	Se	gen

Sèvi ak Mo Nouvo - Leson 3 - Fè Laglisad - Vokabilè

Non: _____ Klas: _____ Dat: _____

**Mo ki nan yon fraz kapab ede w jwenn siyifikasyon yon mo ou pa konnen.
Konplete chak fraz avèk mo ki kòrèk la.**

katon   grav   amizman   Pafwa   laglisad   plezi
zanmi   grafonyen

1. Men se pa te _____ .

2. Mwen menm ak ti _____ mwen yo, nou moute sou mòn bò lakay.

3. Lè mwen te piti mwen te gen anpil _____.

4. Se te bèl _____.

5. _____ nou fèmen je nou n'ap desann.

6. Nan tout sa mwen te konn fè, mwen sonje _____.

7. Men pafwa, lè nou pa pran prekosyon, nou konn gen kèk _____.

8. Nou te sèvi ak yon moso _____, nou chita sou li epi nou leve de pye nou anlè.

Mo Kle Enpòtan - Leson 3 - Fè Laglisad - Vokabilè

Non: _____ Klas: _____ Dat: _____

Ekri fraz ak mo sa yo.

plezi _____

....

Pafwa _____

....

grafonyen _____

....

katon _____

....

grav _____

....

amizman _____

....

zanmi _____

....

laglisad _____

....

_____

28

Mo Kwaze - Leson 3 - Fè Laglisad - Vokabilè

Non: _____ Klas: _____ Dat: _____

Sèvi ak rezilta ou jwenn nan aktivite ak fraz yo pou konplete mo kwaze a.

An travè
1. ___ ___ ___ ___ ___ nou fèmen je nou n'ap desann.

2. Men pafwa, lè nou pa pran prekosyon, nou konn gen kèk
   ___ ___ ___ ___ ___ ___ ___ ___ ___ .

3. Se te bèl ___ ___ ___ ___ ___ .

Anba
1. Nou te sèvi ak yon moso ___ ___ ___ ___ ___ , nou chita sou li epi nou leve de pye nou anlè.

2. Nan tout sa mwen te konn fè, mwen sonje ___ ___ ___ ___ ___ ___ ___ ___ .

3. Men se pa te ___ ___ ___ ___ .

4. Mwen menm ak ti ___ ___ ___ ___ ___ mwen yo, nou moute sou mòn bò lakay.

5. Lè mwen te piti mwen te gen anpil ___ ___ ___ ___ ___ ___ ___ .

Chwazi repons ou yo pami mo sa yo:
laglisad   plezi   amizman   zanmi   grafonyen   katon
grav   Pafwa

Kòd Sekrè - Leson 3 - Fè Laglisad - Vokabilè

Non: _____ Klas: _____ Dat: _____

Nan chak fraz dekode mo a.

1. ___ ___ ___ ___ ___ nou fèmen je nou n'ap desann.
   bmrtm

2. Mwen menm ak ti ___ ___ ___ ___ ___ mwen yo, nou moute sou mòn bò lakay.
   emqwk

3. Se te bèl ___ ___ ___ ___ ___.
   xoiek

4. Men se pa te ___ ___ ___ ___.
   ujmp

5. Lè mwen te piti mwen te gen anpil ___ ___ ___ ___ ___ ___.
   mwkewmq

6. Men pafwa, lè nou pa pran prekosyon, nou konn gen kèk

   ___ ___ ___ ___ ___ ___ ___ ___ ___.

   ujmrnqfiq

7. Nou te sèvi ak yon moso ___ ___ ___ ___ ___, nou chita sou li epi nou leve de pye nou anlè.
   lmanq

8. Nan tout sa mwen te konn fè, mwen sonje ___ ___ ___ ___ ___ ___ ___ ___.
   omuokzmh

Kòd Sekrè:

a	b	c	d	e	f	g	h	i	j	k	l	m	n	o	p	q	r	s	t	u	v	w	x	y	z
m	s	c	h	i	r	u	v	k	b	l	o	w	q	n	x	d	j	z	a	g	p	t	y	f	e

Chwazi repons ou yo pami mo sa yo:

zanmi   laglisad   grav   amizman   Pafwa
grafonyen   katon   plezi

Mo Mele - Leson 3 - Fè Laglisad - Vokabilè
Non: _____ Klas: _____ Dat: _____

Chak fraz gen yon mo ki mele. Demele mo a.

1. ___ ___ ___ ___ ___ nou fèmen je nou n'ap desann.
   Pawfa

2. Nan tout sa mwen te konn fè, mwen sonje ___ ___ ___ ___ ___ ___ ___ ___ .
   agdallis

3. Se te bèl ___ ___ ___ ___ ___.
   pizle

4. Nou te sèvi ak yon moso ___ ___ ___ ___ ___, nou chita sou li epi nou leve de pye nou anlè.
   oatkn

5. Men se pa te ___ ___ ___ ___.
   garv

6. Lè mwen te piti mwen te gen anpil ___ ___ ___ ___ ___ ___ ___.
   mnaizma

7. Men pafwa, lè nou pa pran prekosyon, nou konn gen kèk
   ___ ___ ___ ___ ___ ___ ___ ___ ___.
   rnnfgeoay

8. Mwen menm ak ti ___ ___ ___ ___ ___ mwen yo, nou moute sou mòn bò lakay.
   mizna

<u>**Chwazi repons ou yo pami mo sa yo:**</u>

| katon | laglisad | zanmi | grav | plezi |
| amizman | grafonyen | Pafwa | | |

Aktivite Leson 4
Mo Kle Enpòtan - Leson 4 - Nan Yon Match - Vokabilè

Non: _____ Klas: _____ Dat: _____

Ekri fraz ak mo sa yo.

souflèt _____

koumanse _____

moun _____

tèlman _____

jwe _____

Abit _____

Gade _____

reyini _____

Je _____

foutbòl _____

beng _____

ekip _____

Mo Kwaze - Leson 4 - Nan Yon Match- Vokabilè

Non: _____ Klas: _____ Dat: _____

Sèvi ak rezilta ou jwenn nan aktivite ak fraz yo pou konplete mo kwaze a.

An travè
1. Tout jwè foutbòl yo ___ ___ ___ ___ ___ ___ ___ ___ fè mouvman.

2. ___ ___ ___ ___ la met souflèt li nan bouch li; li soufle.

3. Tout ___ ___ ___ ___ gen tan reyini.

5. ___ ___ tout moun kale sou ekip pa yo.

6. Tout moun gen tan ___ ___ ___ ___ ___ ___.

7. Abit la met ___ ___ ___ ___ ___ ___ ___ li nan bouch li; li soufle.

Anba
1. Twazè sonnen ___ ___ ___ ___!

2. Tout jwè ___ ___ ___ ___ ___ ___ ___ yo koumanse fè mouvman.

3. Li ___ ___ ___ ___ ___ ___ trible tout moun pè li.

4. ___ ___ ___ ___ yon ti jwè!

5. Gade yon ti ___ ___ ___!

6. Je tout moun kale sou ___ ___ ___ ___ yo.

Chwazi repons ou yo pami mo sa yo:

tèlman	moun	Gade	Je	Abit	foutbòl
beng	jwè	ekip	koumanse	souflèt	reyini

Mo Mele - Leson 4 - Nan Yon Match - Vokabilè

Non: _____ Klas: _____ Dat: _____

Chak fraz gen yon mo ki mele. Demele mo a.

1. Gade yon ti ___ ___ ___ !
   wjè

2. Twazè sonnen ___ ___ ___ ___!
   ngeb

3. Tout jwè ___ ___ ___ ___ ___ ___ ___ yo koumanse fè mouvman.
   boflutò

4. ___ ___ ___ ___ la met souflèt li nan bouch li; li soufle.
   Atib

5. Li ___ ___ ___ ___ ___ ___ trible tout moun pè li.
   lanmtè

6. Je tout moun kale sou ___ ___ ___ ___ pa yo.
   iekp

7. Tout ___ ___ ___ ___ gen tan reyini.
   omun

Chwazi repons ou yo pami mo sa yo:

ekip   jwè   foutbòl   beng   tèlman   Abit
moun

Kòd Sekrè - Leson 4 - Nan Yon Match - Vokabilè

Non: _____ Klas: _____ Dat: _____

Nan chak fraz dekode mo a.

1. Gade yon ti ___ ___ ____.
   rmj

2. Tout jwè ___ ___ ___ ___ ___ ___ ___ yo koumanse fè mouvman.
   kqefgqx

3. Tout ___ ___ ___ ___ gen tan reyini.
   iqev

4. Li ___ ___ ___ ___ ___ ___ trible tout moun pè li.
   fjxitv

5. Je tout moun kale sou ___ ___ ___ ___ pa yo.
   jbzh

6. ___ ___ ___ ___ la met souflèt li nan bouch li; li soufle.
   tgzf

7. Twazè sonnen ___ ___ ___ ___ !
   gjvl

Kòd Sekrè:

a	b	c	d	e	f	g	h	i	j	k	l	m	n	o	p	q	r	s	t	u	v	w	x	y	z
t	g	c	w	j	k	l	n	z	r	b	x	i	v	q	h	y	s	a	f	e	d	m	o	u	p

Chwazi repons ou yo pami mo sa yo:

ekip   Abit   jwè   tèlman   moun   beng   foutbòl

Mo Kle Enpòtan - Leson 4 - Nan Yon Match - Vèb

Non: _____ Klas: _____ Dat: _____

Ekri fraz ak mo sa yo.

sonnen

kale

Gade

reyini

soufle

trible

pouse

pran

siveye

koumanse

rive

Mo Kwaze - Leson 4 - Nan Yon Match - Vèb

Non: _____ Klas: _____ Dat: _____

Sèvi ak rezilta ou jwenn nan aktivite ak fraz yo pou konplete mo kwaze a.

An travè
1. Li tèlman ___ ___ ___ ___ ___ ___ tout moun pè li.

5. Twaze ___ ___ ___ ___ ___ ___ beng!

6. Abit la met souflèt li nan bouch li; li ___ ___ ___ ___ ___ ___.

7. Tout jwè foutbòl yo ___ ___ ___ ___ ___ ___ ___ ___ fè mouvman.

8. Je tout moun ___ ___ ___ ___ sou ekip pa yo.

Anba
1. Bon, Bon! Ti jwè a pase tout jwè! Li ___ ___ ___ ___ devan gadyen an, li pouse boul la nan mitan janm ni.

2. Tout moun gen tan ___ ___ ___ ___ ___ ___ .

3. ___ ___ ___ ___ yon ti jwè!

4. Bon, Bon! Ti jwè a pase tout jwè! Li rive devan gadyen an, li ___ ___ ___ ___ ___ boul la nan mitan janm ni.

5. Gadyen yo ap ___ ___ ___ ___ ___ ___ balon toupatou.

6. Estad la ___ ___ ___ ___ dife!

Chwazi repons ou yo pami mo sa yo:
Gade	sonnen	rive	pran	kale	reyini
trible	koumanse	siveye	pouse	soufle	

37

Mo Mele - Leson 4 - Nan Yon Match - Vèb

Non: _____ Klas: _____ Dat: _____

Chak fraz gen yon mo ki mele. Demele mo a.

1. Je tout moun ___ ___ ___ ___ sou ekip pa yo.
   akle

2. ___ ___ ___ ___ yon ti jwè!
   adGe

3. Estad la ___ ___ ___ ___ dife!
   rpna

4. Bon, Bon! Ti jwè a pase tout jwè! Li ___ ___ ___ ___ devan gadyen an, li pouse boul la nan mitan janm ni.
   irev

5. Abit la met souflèt li nan bouch li; li ___ ___ ___ ___ ___.
   seoful

6. Gadyen yo ap ___ ___ ___ ___ ___ balon toupatou.
   ysveei

7. Li tèlman ___ ___ ___ ___ ___ ___ tout moun pè li.
   tlbeir

8. Tout moun gen tan ___ ___ ___ ___ ___ ___.
   iyirne

9. Twazè ___ ___ ___ ___ ___ ___ beng!
   nseonn

10. Tout jwè foutbòl yo ___ ___ ___ ___ ___ ___ ___ ___ fè mouvman.
    seoamkun

11. Bon, Bon! Ti jwè a pase tout jwè! Li rive devan gadyen an, li ___ ___ ___ ___ ___ boul la nan mitan janm ni.
    Soupe

Chwazi repons ou yo pami mo sa yo:

| trible | rive | Gade | pouse | siveye | koumanse |
| kale | sonnen | soufle | pran | reyini | |

Kòd Sekrè - Leson 4 - Nan Yon Match - Vèb

Non: _____ Klas: _____ Dat: _____

Nan chak fraz dekode mo a.

1. Estad la ___ ___ ___ ___ dife!
   Neds

2. ___ ___ ___ ___ yon ti jwè!
   adic

3. Twazè ___ ___ ___ ___ ___ ___ beng!
   vhsscs

4. Tout jwè foutbòl yo ___ ___ ___ ___ ___ ___ ___ ___ fè mouvman.
   lhfzdsvc

5. Bon, Bon! Ti jwè a pase tout jwè! Li rive devan gadyen an, li ___ ___ ___ ___ ___ boul la nan mitan janm ni.
   nhfvc

6. Gadyen yo ap ___ ___ ___ ___ ___ ___ balon toupatou.
   vqkcoc

7. Li tèlman ___ ___ ___ ___ ___ ___ tout moun pè li.
   beqyxc

8. Abit la met souflèt li nan bouch li; li ___ ___ ___ ___ ___ ___.
   vhfmxc

9. Bon, Bon! Ti jwè a pase tout jwè! Li ___ ___ ___ ___ devan gadyen an, li pouse boul la nan mitan janm ni.
   eqkc

10. Tout moun gen tan ___ ___ ___ ___ ___ ___.
    ecoqsq

11. Je tout moun ___ ___ ___ ___ sou ekip pa yo.
    ldxc

Kòd Sekrè:

a	b	c	d	e	f	g	h	i	j	k	l	m	n	o	p	q	r	s	t	u	v	w	x	y	z
d	y	t	i	c	m	a	w	q	r	l	x	z	s	h	n	g	e	v	b	f	k	p	u	o	j

Chwazi repons ou yo pami mo sa yo:

| soufle | rive | Gade | pran | reyini | trible |
| pouse | sonnen | kale | koumanse | siveye | |

Aktivite Leson 5
Mo Kle Enpòtan - Leson 5 - Bato Tonton Mwen An - Vokabilè

Non: _____ Klas: _____ Dat: _____

Ekri fraz ak mo sa yo.

Jeremi _____

tay mwayèn _____

maren _____

waf _____

chay _____

Tonton _____

bagay _____

Bato _____

moun _____

Mo Kwaze - Leson 5 - Bato Tonton Mwen An - Vokabilè

Non: _____ Klas: _____ Dat: _____

Sèvi ak rezilta ou jwenn nan aktivite ak fraz yo pou konplete mo kwaze a.

An travè
1. Bato sila a, kwake li pa twò gwo, li pi gwo pase tout bato ki sou ___ ___ ___ la.

4. Se yon bato ___ ___ ___ ___ ___ ___ ___ ___ ___ .

5. Tonton mwen pral travay sou li avèk kèk lòt ___ ___ ___ ___ ___ .

6. ___ ___ ___ ___ a bèl anpil.

Anba
1. Yon sèl ___ ___ ___ ___ ___ mwen di tonton mwen, pa pote twòp chay ak moun pou bato a pa koule.

2. Yon sèl bagay mwen di tonton mwen, pa pote twòp ___ ___ ___ ___ ak moun pou bato a pa koule.

3. Yo prale fè ___ ___ ___ ___ ___ ___ -Pòtoprens.

4. ___ ___ ___ ___ ___ ___ mwen achte yon bato tou nèf.

5. Anpil ___ ___ ___ ___ renmen bato a.

Chwazi repons ou yo pami mo sa yo:

Bato	Tonton	tay mwayèn	bagay	waf
Maren	moun	chay	Jeremi	

41

Mo Mele - Leson 5 - Bato Tonton Mwen An - Vokabilè

Non: _____ Klas: _____ Dat: _____

Chak fraz gen yon mo ki mele. Demele mo a.

1. ___ ___ ___ ___ ___ ___ mwen achte yon bato tou nèf.
   ontnoT

2. Yo prale fè ___ ___ ___ ___ ___ ___ - Pòtoprens.
   eJmier

3. Anpil ___ ___ ___ ___ renmen bato a.
   omnu

4. Tonton mwen pral travay sou li avèk kèk lòt ___ ___ ___ ___ .
   enmar

5. Bato sila a, kwake li pa twò gwo, li pi gwo pase tout bato ki sou ___ ___ ___ la.
   wfa

6. Se yon bato ___ ___ ___ ___ ___ ___ ___ ___ .
   antwyyam

7. Yon sèl bagay mwen di tonton mwen, pa pote twòp ___ ___ ___ ___ ak moun pou bato a pa koule.
   cyha

8. Yon sèl ___ ___ ___ ___ ___ mwen di tonton mwen, pa pote twòp chay ak moun pou bato a pa koule.
   aabyg

9. ___ ___ ___ ___ a bèl anpil.
   atBo

Chwazi repons ou yo pami mo sa yo:

bagay	Bato	moun	tay mwayèn	chay
maren	Jeremi	Tonton	waf	

Kòd Sekrè - Leson 5 - Sato Tonton Mwen An - Vokabilè

Non: _____ Klas: _____ Dat: _____

Nan chak fraz dekode mo a.

1. ___ ___ ___ ___ ___ ___ mwen achte yon bato tou nèf.
   kubkub

2. Yo prale fè ___ ___ ___ ___ ___ ___ -Pòtoprens.
   yiaihf

3. Se yon bato ___ ___ ___ ___ ___ ___ ___ ___ ___.
   krlhcrlib

4. Anpil ___ ___ ___ ___ renmen bato a.
   Hudb

5. Yon sèl ___ ___ ___ ___ ___ mwen di tonton mwen, pa pote twòp chay ak moun pou bato a pa koule.
   mrqrl

6. Tonton mwen pral travay sou li avèk kèk lòt ___ ___ ___ ___ ___.
   hraib

7. Yon sèl bagay mwen di tonton mwen, pa pote twòp ___ ___ ___ ___ ak moun pou bato a pa koule.
   sorl

8. ___ ___ ___ ___ a bèl anpil.
   mrku

9. Bato sila a, kwake li pa twò gwo, li pi gwo pase tout bato ki sou ___ ___ ___ la.
   crx

Kòd Sekrè:

a	b	c	d	e	f	g	h	i	j	k	l	m	n	o	p	q	r	s	t	u	v	w	x	y	z
r	m	s	t	i	x	q	o	f	y	w	g	h	b	u	p	v	a	z	k	d	e	c	j	l	n

Chwazi repons ou yo pami mo sa yo:

| waf | Tonton | tay mwayèn | maren | Jeremi |
| chay | bagay | Bato | moun | |

Mo Kle Enpòtan - Leson 5 - Bato Tonton Mwen An – Vèb ak ekspresyon

Non: _____ Klas: _____ Dat: _____

Ekri fraz ak mo sa yo.

achte

prale

renmen

travay

Bato a bèl

pote

Se

koule

li pi gwo

Mo Kwaze - Leson 5 - Bato Tonton Mwen An - Vèb ak ekspresyon

Non: _____ Klas: _____ Dat: _____

Sevi ak rezilta ou jwenn nan aktivite ak fraz yo pou konplete mo kwaze a.

An travè
1. Tonton mwen ___ ___ ___ ___ ___ yon bato tou nèf.
4. Yo ___ ___ ___ ___ ___ fè Jeremi-Pòtoprens.
5. Tonton mwen pral ___ ___ ___ ___ ___ ___ sou li avèk kèk lòt maren.
6. Anpil moun ___ ___ ___ ___ ___ ___ bato a.

Anba
1. Yon sèl bagay mwen di tonton mwen, pa pote twòp chay ak moun pou bato a pa ___ ___ ___ ___ ___.
2. ___ ___ ___ ___ ___ ___ ___ ___ anpil.
3. ___ ___ yon bato tay mwayèn.
4. Yon sèl bagay mwen di tonton mwen, pa ___ ___ ___ ___ twòp chay ak moun pou bato a pa koule.
5. Bato sila a, kwake li pa twò gwo, ___ ___ ___ ___ ___ ___ ___ pase tout bato ki sou waf la.

Chwazi repons ou yo pami mo sa yo:
li pi gwo	Se	renmen	koule	travay	pote
Bato a bèl	achte	prale			

Mo Mele - Leson 5 - Bato Tonton Mwen An - Vèb ak ekspresyon
Non: _____ Klas: _____ Dat: _____

Chak fraz gen yon mo ki mele. Demele mo a.

1. Tonton mwen pral ___ ___ ___ ___ ___ ___ sou li avèk kèk lòt maren.
   vatyar

2. ___ ___ ___ ___ ___ ___ ___ anpil.
   Boabaltè

3. Yon sèl bagay mwen di tonton mwen, pa ___ ___ ___ ___ twop chay ak moun pou bato a pa koule.
   etpo

4. Bato sila a, kwake li pa twò gwo, ___ ___ ___ ___ ___ ___ ___ pase tout bato ki sou waf la.
   lwpgiio

5. Anpil moun ___ ___ ___ ___ ___ ___ bato a.
   emnenr

6. Yon sèl bagay mwen di tonton mwen, pa pote twòp chay ak moun pou bato a pa ___ ___ ___ ___ ___.
   ouelk

7. ___ ___ yon bato tay mwayèn.
   es

8. Yo ___ ___ ___ ___ ___ fè Jeremi-Pòtoprens.
   parle

9. Tonton mwen ___ ___ ___ ___ ___ yon bato tou nèf.
   eacth

Chwazi repons ou yo pami mo sa yo:

Bato a bèl	travay	achte	koule	prale	renmen
li pi gwo	Se	pote			

Kòd Sekrè - Leson 5 - Bato Tonton Mwen An - Vèb ak ekspresyon

Non: _____ Klas: _____ Dat: _____

Nan chak fraz dekode mo a.

1. Bato sila a, kwake li pa twò gwo, ___ ___ ___ ___ ___ ___ ___ pase tout bato ki sou waf la.
   quvubpt

2. ___ ___ ___ ___ ___ ___ ___ ___ anpil.
   kyitykzq

3. ___ ___ yon bato tay mwayèn.
   dz

4. Anpil moun ___ ___ ___ ___ ___ ___ bato a.
   szwlzw

5. Yo ___ ___ ___ ___ ___ fè Jeremi-Pòtoprens.
   vsyqz

6. Yon sèl bagay mwen di tonton mwen, pa pote twòp chay ak moun pou bato a pa ___ ___ ___ ___ ___ ___.
   atcqz

7. Tonton mwen ___ ___ ___ ___ ___ yon bato tou nèf.
   ygfiz

8. Tonton mwen pral ___ ___ ___ ___ ___ ___ sou li avèk kèk lòt maren.
   isymyh

9. Yon sèl bagay mwen di tonton mwen, pa ___ ___ ___ ___ twòp chay ak moun pou bato a pa koule.
   vtiz

Kòd Sekrè:

a	b	c	d	e	f	g	h	i	j	k	l	m	n	o	p	q	r	s	t	u	v	w	x	y	z
y	k	g	e	z	n	b	f	u	r	a	q	l	w	t	v	o	s	d	i	c	m	p	j	h	x

Chwazi repons ou yo pami mo sa yo:

| pote | koule | li pi gwo | prale | Bato a bèl | Se |
| achte | renmen | travay | | | |

Aktivite Leson 6
Sèvi ak Mo Nouvo - Leson 6 - Jwèt Bòlèt - Vèb

Non: _____ Klas: _____ Dat: _____

Konplete chak fraz avèk mo ki kòrèk la.

pote	jwe	jwenn	pran	ale	se
reve	meprize	genyen	renmen		

1. Bon rèv kou move rèv, tout pote moun ale _____ yon ti nimewo.

2. Moun _____ toutan.

3. Bon rèv kou move rèv, tout pote moun _____ pran yon ti nimewo.

4. Anpil moun nan peyi Dayiti renmen _____ bòlèt.

5. Raman yo _____.

6. Yo ta _____ rich, yo ta renmen gen kòb vit.

7. Yo _____ tout non.

8. Gen moun ki _____ fanmi yo pou yo ka jwe bòlèt.

9. Pafwa _____ yon gwo traka.

10. Enben, se sa ki fè nan chak kwen kapital la, e nan anpil pwovens, ou _____ yon bank bòlèt.

Mo Kle Enpòtan - Leson 6 - Jwèt Bolèt - Vèb

Non: _____ Klas: _____ Dat: _____

Ekri fraz ak mo sa yo.

ale

pran

jwenn

se

meprize

reve

renmen

jwe

pote

genyen

Mo Kwaze - Leson 6 - Jwèt Bòlèt - Vèb

Non: _____ Klas: _____ Dat: _____

Sèvi ak rezilta ou jwenn nan aktivite ak fraz yo pou konplete mo kwaze a.

An travè
1. Bon rèv kou move rèv, tout pote moun ___ ___ ___ pran yon ti nimewo.

5. Yo ta ___ ___ ___ ___ ___ ___ rich, yo ta renmen gen kòb vit.

6. Yo ___ ___ ___ ___ tout non.

7. Anpil moun nan peyi Dayiti renmen ___ ___ ___ bòlèt.

8. Raman yo ___ ___ ___ ___ ___.

Anba
1. Bon rèv kou move rèv, tout pote moun ale ___ ___ ___ ___ yon ti nimewo.

2. Gen moun ki ___ ___ ___ ___ ___ ___ ___ fanmi yo pou yo ka jwe bòlèt.

3. Enben, se sa ki fè nan chak kwen kapital la, e nan anpil pwovens, ou ___ ___ ___ ___ ___ yon bank bòlèt.

4. Pafwa ___ ___ yon gwo traka.

5. Moun ___ ___ ___ ___ toutan.

Chwazi repons ou yo pami mo sa yo:
pote	jwenn	renmen	meprize	pran	se	ale
reve	genyen	jwe				

Mo Mele - Leson 6 - Jwèt Bòlèt - Vèb

Non: _____ Klas: _____ Dat: _____

Chak fraz gen yon mo ki mele. Demele mo a.

1. Yo ___ ___ ___ ___ tout non.
   opet

2. Enben, se sa ki fè nan chak kwen kapital la, e nan anpil pwovens,
   ou ___ ___ ___ ___ ___ yon bank bòlèt.
   nwnje

3. Bon rèv kou move rèv, tout pote moun ale ___ ___ ___ ___ yon ti nimewo.
   rpan

4. Yo ta ___ ___ ___ ___ ___ ___ rich, yo ta renmen gen kòb vit.
   nenmer

5. Moun ___ ___ ___ ___ toutan.
   reev

6. Bon rèv kou move rèv, tout pote moun ___ ___ ___ pran yon ti nimewo.
   eal

7. Raman yo ___ ___ ___ ___ ___ ___.
   ygeenn

8. Pafwa ___ ___ yon gwo traka.
   es

9. Gen moun ki ___ ___ ___ ___ ___ ___ ___ fanmi yo pou yo ka jwe bòlèt.
   mzipeer

10. Anpil moun nan peyi Dayiti renmen ___ ___ ___ bòlèt.
    jew

<u>**Chwazi repons ou yo pami mo sa yo:**</u>

jwenn	reve	genyen	jwe	ale	pote
renmen	meprize	se	pran		

Kòd Sekrè - Leson 6 - Jwèt Bòlèt - Vèb

Non: _____ Klas: _____ Dat: _____

Nan chak fraz dekode mo a.

1. Gen moun ki ___ ___ ___ ___ ___ ___ ___ fanmi yo pou yo ka jwe bòlèt.
   knuvzwn

2. Bon rèv kou move rèv, tout pote moun ale ___ ___ ___ yon ti nimewo.
   uvys

3. Yo ___ ___ ___ ___ tout non.
   uxtn

4. Enben, se sa ki fè nan chak kwen kapital la, e nan anpil pwovens, ou ___ ___ ___ ___ ___ yon bank bòlèt.
   fenss

5. Bon rèv kou move rèv, tout pote moun ___ ___ ___ pran yon ti nimewo.
   yin

6. Anpil moun nan peyi Dayiti renmen ___ ___ ___ bòlèt.
   fen

7. Moun ___ ___ ___ ___ toutan.
   vnon

8. Pafwa ___ ___ yon gwo traka.
   hn

9. Yo ta ___ ___ ___ ___ ___ ___ rich, yo ta renmen gen kòb vit.
   vnskns

10. Raman yo ___ ___ ___ ___ ___ ___.
    jnsans

Kòd Sekrè:

a	b	c	d	e	f	g	h	i	j	k	l	m	n	o	p	q	r	s	t	u	v	w	x	y	z
y	m	q	d	n	b	j	l	z	f	p	i	k	s	x	u	c	v	h	t	g	o	e	r	a	w

Chwazi repons ou yo pami mo sa yo:

| ale | renmen | pran | reve | jwe | genyen |
| jwenn | pote | meprize | se | | |

| Mo Kle Enpòtan - Leson 6 - Jwèt Bòlèt - Vokabilè |
| Non: _____ Klas: _____ Dat: _____ |

Ekri fraz ak mo sa yo.

bank

toutan

non

nimewo

rèv

Raman

pwovens

traka

rich

kapital

bòlèt

fanmi

Mo Kwaze - Leson 6 - Jwèt Bòlèt - Vokabilè

Non: _____ Klas: _____ Dat: _____

Sevi ak rezilta ou jwenn nan aktivite ak fraz yo pou konplete mo kwaze a.

An travè

1. Moun reve ___ ___ ___ ___ ___ ___ .

2. Enben, se sa ki fè nan chak kwen ___ ___ ___ ___ ___ ___ ___ la, e nan anpil pwovens, ou jwenn yon bank bòlèt.

3. Bon rèv kou move rèv, tout pote moun ale pran yon ti ___ ___ ___ ___ ___.

4. Pafwa se yon gwo ___ ___ ___ ___ ___.

5. Bon ___ ___ ___ kou move rèv, tout pote moun ale pran yon ti nimewo.

6. Yo pote tout ___ ___ ___ .

Anba

1. Gen moun ki meprize ___ ___ ___ ___ ___ yo pou yo ka jwe bòlèt.

2. Enben, se sa ki fè nan chak kwen kapital la, e nan anpil pwovens, ou jwenn yon ___ ___ ___ ___ bòlèt.

3. Anpil moun nan peyi Dayiti renmen jwe ___ ___ ___ ___ ___.

4. Enben, se sa ki fè nan chak kwen kapital la, e nan anpil ___ ___ ___ ___ ___ ___ ___, ou jwenn yon bank bòlèt.

5. Yo ta renmen ___ ___ ___ ___, yo ta renmen gen kòb vit.

6. ___ ___ ___ ___ ___ yo genyen

Chwazi repons ou yo pami mo sa yo:

non	toutan	pwovens	fanmi	bòlèt	Raman
nimewo	rèv	bank	traka	kapital	rich

Mo Mele - Leson 6 - Jwèt Bòlèt - Vokabilè

Non: _____ Klas: _____ Dat: _____

Chak fraz gen yon mo ki mele. Demele mo a.

1. Yo ta renmen ___ ___ ___ ___, yo ta renmen gen kòb vit.
   chir

2. Anpil moun nan peyi Dayiti renmen jwe ___ ___ ___ ___ ___.
   tòbèl

3. Enben, se sa ki fè nan chak kwen kapital la, e nan anpil ___ ___ ___ ___ ___ ___ ___, ou jwenn yon bank bòlèt.
   pevwnso

4. Pafwa se yon gwo ___ ___ ___ ___ ___ .
   takra

5. Enben, se sa ki fè nan chak kwen ___ ___ ___ ___ ___ ___ ___ la, e nan anpil pwovens, ou jwenn yon bank bòlèt.
   ktpaali

6. Moun reve ___ ___ ___ ___ ___ ___.
   utntao

7. Yo pote tout ___ ___ ___.
   onn

8. Bon ___ ___ _____kou move rèv, tout pote moun ale pran yon ti nimewo.
   vrè

9. ___ ___ ___ ___ ___ yo genyen.
   Raanm

10. Gen moun ki meprize ___ ___ ___ ___ ___ yo pou yo ka jwe bòlèt.
    finam

11. Enben, se sa ki fè nan chak kwen kapital la, e nan anpil pwovens, ou jwenn yon ___ ___ ___ ___ bòlèt.
    khan

12. Bon rèv kou move rèv, tout pote moun ale pran yon ti ___ ___ ___ ___ ___ ___.
    niewmo

Chwazi repons ou yo pami mo sa yo:

kapital	bank	nimewo	fanmi	pwovens	traka	rich
bòlèt	rèv	non	Raman	toutan		

Kòd Sekrè - Leson 6 - Jwèt Bòlèt - Vokabilè

Non: _____ Klas: _____ Dat: _____

Nan chak fraz dekode mo a.

1. Anpil moun nan peyi Dayiti renmen jwe ___ ___ ___ ___ ___.
   apdfx

2. Bon rèv kou move rèv, tout pote moun ale pran yon ti ___ ___ ___ ___ ___ ___.
   kzwfyp

3. Enben, se sa ki fè nan chak kwen kapital la, e nan anpil ___ ___ ___ ___ ___ ___ ___, ou jwenn yon bank bòlèt.
   typrfkm

4. Pafwa se yon gwo ___ ___ ___ ___ ___ .
   xvoeo

5. Gen moun ki meprize ___ ___ ___ ___ ___ yo pou yo ka jwe bòlèt.
   lokwz

6. Bon ___ ___ ___ kou move rèv, tout pote moun ale pran yon ti nimewo.
   vfr

7. ___ ___ ___ ___ ___ yo genyen.
   vowok

8. Enben, se sa ki fè nan chak kwen ___ ___ ___ ___ ___ ___ ___ la, e nan anpil pwovens, ou jwenn yon bank bòlèt.
   eotzxod

9. Moun reve ___ ___ ___ ___ ___ ___.
   xpsxok

10. Yo ta renmen ___ ___ ___ ___, yo ta renmen gen kòb vit.
    vzqh

11. Yo pote tout ___ ___ ___.
    kpk

12. Enben, se sa ki fè nan chak kwen kapital la, e nan anpil pwovens, ou jwenn yon ___ ___ ___ ___ bòlèt.
    aoke

Kòd Sekrè:

a	b	c	d	e	f	g	h	i	j	k	l	m	n	o	p	q	r	s	t	u	v	w	x	y	z
o	a	q	n	f	l	u	h	z	i	e	d	w	k	p	t	j	v	m	x	s	r	y	b	g	c

Chwazi repons ou yo pami mo sa yo:

bank   Raman   traka   fanmi   rèv   non
kapital   bòlèt   rich   toutan   nimewo
pwovens

Aktivite Leson 7
Mo Kle Enpòtan - Leson 7 - Tounen Nan Travay - Vèb

Non: _____ Klas: _____ Dat: _____

Ekri fraz ak mo sa yo.

rewè

rekòmanse

fèk soti

tounen

gen

kite

fini

Mo Kwaze - Leson 7 - Tounen Nan Travay - Vèb

Non: _____ Klas: _____ Dat: _____

Sèvi ak rezilta ou jwenn nan aktivite ak fraz yo pou konplete mo kwaze a.

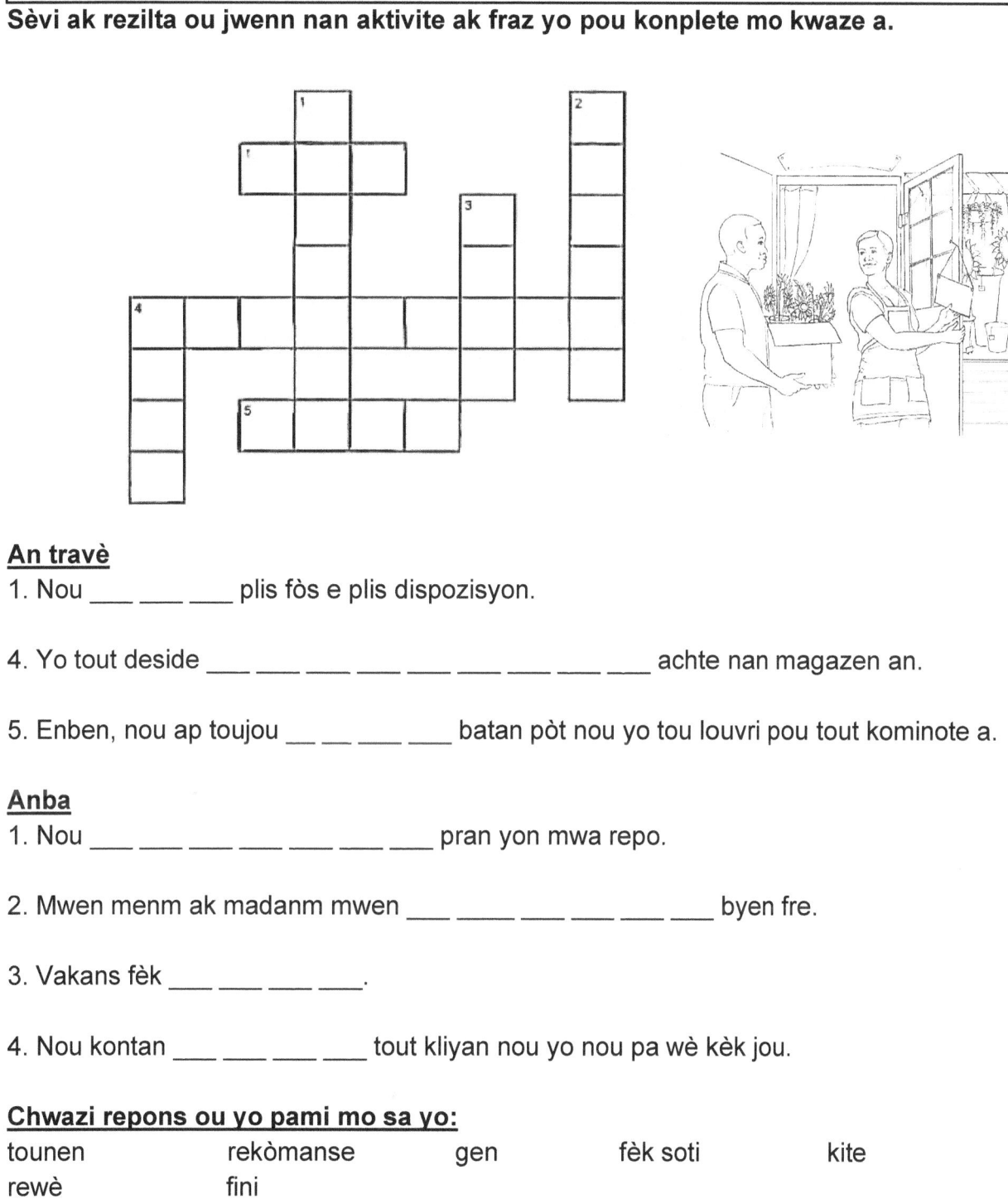

An travè
1. Nou ___ ___ ___ plis fòs e plis dispozisyon.

4. Yo tout deside ___ ___ ___ ___ ___ ___ ___ ___ ___ achte nan magazen an.

5. Enben, nou ap toujou ___ ___ ___ ___ batan pòt nou yo tou louvri pou tout kominote a.

Anba
1. Nou ___ ___ ___ ___ ___ ___ ___ pran yon mwa repo.

2. Mwen menm ak madanm mwen ___ ___ ___ ___ ___ ___ byen fre.

3. Vakans fèk ___ ___ ___ ___.

4. Nou kontan ___ ___ ___ ___ tout kliyan nou yo nou pa wè kèk jou.

Chwazi repons ou yo pami mo sa yo:
tounen   rekòmanse   gen   fèk soti   kite
rewè   fini

Mo Mele - Leson 7 - Tounen Nan Travay - Vèb

Non: _____ Klas: _____ Dat: _____

Chak fraz gen yon mo ki mele. Demele mo a.

1. Enben, nou ap toujou ___ ___ ___ ___ batan pòt nou yo tou louvri pou tout kominote a.
   teki

2. Nou ___ ___ ___ plis fòs e plis dispozisyon.
   nge

3. Yo tout deside ___ ___ ___ ___ ___ ___ ___ ___ achte nan magazen an.
   eenraskmò

4. Mwen menm ak madanm mwen ___ ___ ___ ___ ___ ___ byen fre.
   tneonu

5. Vakans fèk ___ ___ ___ ___.
   niif

6. Nou ___ ___ ___ ___ ___ ___ ___ pran yon mwa repo.
   kstiofè

7. Nou kontan ___ ___ ___ ___ tout kliyan nou yo nou pa wè kèk jou.
   ewrè

Chwazi repons ou yo pami mo sa yo:

fèk soti	tounen	rewè	kite	fini
gen	rekòmanse			

Kòd Sekrè - Leson 7 - Tounen Nan Travay - Vèb

Non: _____ Klas: _____ Dat: _____

Nan chak fraz dekode mo a.

1. Vakans fèk ___ ___ ___ ___.
   nplp

2. Nou ___ ___ ___ ___ ___ ___ ___ pran yon mwa repo.
   ncoyxup

3. Nou ___ ___ ___ plis fòs e plis dispozisyon.
   rcl

4. Mwen menm ak madanm mwen ___ ___ ___ ___ ___ ___ byen fre.
   uxelcl

5. Yo tout deside ___ ___ ___ ___ ___ ___ ___ ___ ___ achte nan magazen an.
   dcoxqilyc

6. Enben, nou ap toujou ___ ___ ___ ___ batan pòt nou yo tou louvri pou tout kominote a.
   opuc

7. Nou kontan ___ ___ ___ ___ tout kliyan nou yo nou pa wè kèk jou.
   dcvc

Kòd Sekrè:

a	b	c	d	e	f	g	h	i	j	k	l	m	n	o	p	q	r	s	t	u	v	w	x	y	z
i	t	a	k	c	n	r	b	p	g	o	s	q	l	x	m	w	d	y	u	e	h	v	z	j	f

Chwazi repons ou yo pami mo sa yo:

tounen   fini   gen   fèk soti   rekòmanse
kite   rewè

Mo Kle Enpòtan - Leson 7 - Tounen Nan Travay - Vokabilè

Non: _____ Klas: _____ Dat: _____

Ekri fraz ak mo sa yo.

kontan

magazen

kominote

kliyan

madanm

dispozisyon

Vakans

repo

Mo Kwaze - Leson 7 - Tounen Nan Travay - Vokabilè

Non: _____ Klas: _____ Dat: _____

Sevi ak rezilta ou jwenn nan aktivite ak fraz yo pou konplete mo kwaze a.

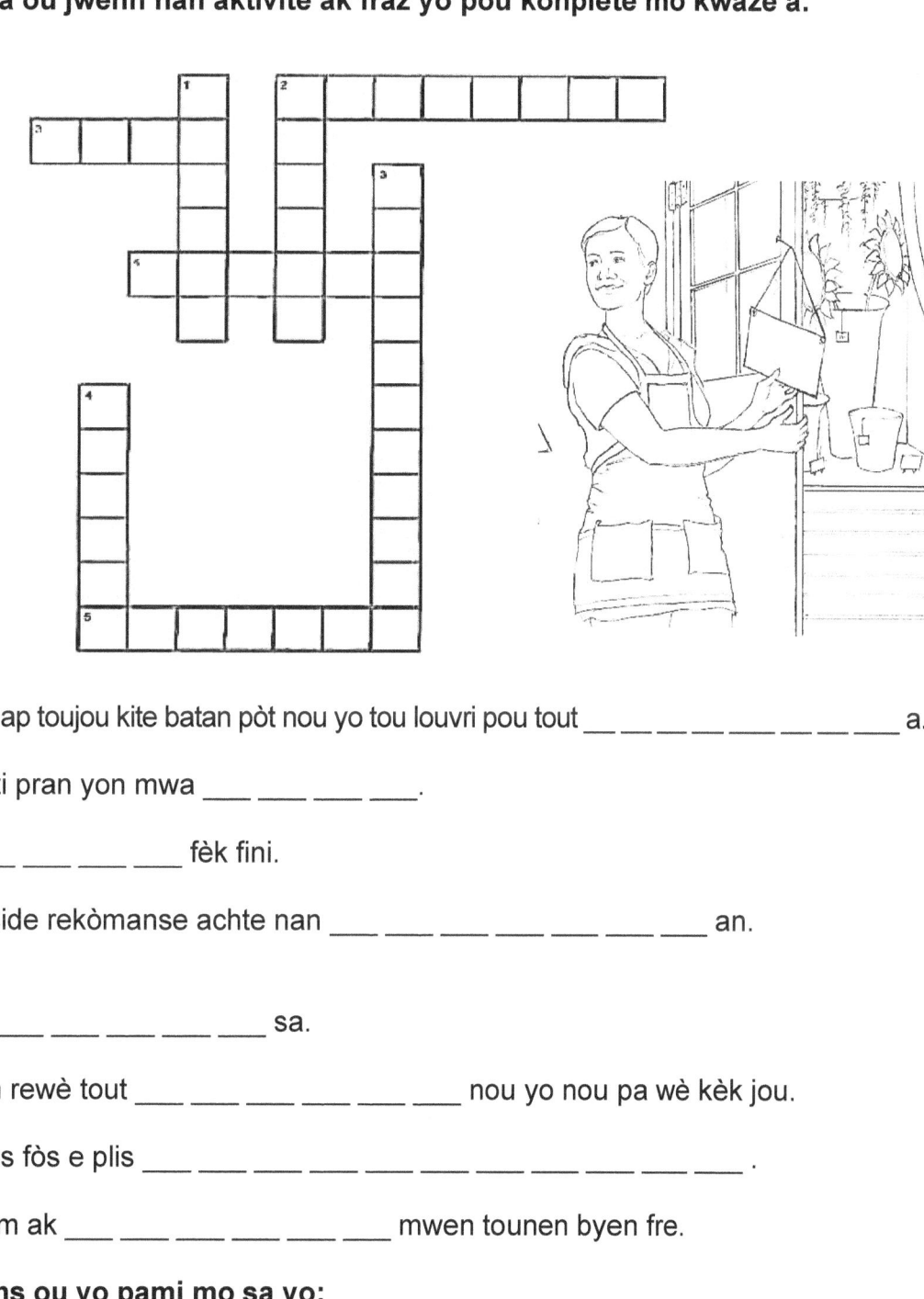

An travè
2. Enben, nou ap toujou kite batan pòt nou yo tou louvri pou tout ___ ___ ___ ___ ___ ___ ___ a.

3. Nou fèk soti pran yon mwa ___ ___ ___ ___.

4. ___ ___ ___ ___ ___ ___ fèk fini.

5. Yo tout deside rekòmanse achte nan ___ ___ ___ ___ ___ ___ ___ an.

Anba
1. Mwen ___ ___ ___ ___ ___ ___ sa.

2. Nou kontan rewè tout ___ ___ ___ ___ ___ ___ nou yo nou pa wè kèk jou.

3. Nou gen plis fòs e plis ___ ___ ___ ___ ___ ___ ___ ___ ___ ___.

4. Mwen menm ak ___ ___ ___ ___ ___ ___ mwen tounen byen fre.

Chwazi repons ou yo pami mo sa yo:
repo   kominote   magazen   madanm   kontan
Vakans   dispozisyon   kliyan

Mo Mele - Leson 7 - Tounen Nan Travay - Vokabilè

Non: _____ Klas: _____ Dat: _____

Chak fraz gen yon mo ki mele. Demele mo a.

1. ___ ___ ___ ___ ___ ___ fèk fini.
   aVkans

2. Nou kontan rewè tout ___ ___ ___ ___ ___ ___ nou yo nou pa wè kèk jou.
   kyainl

3. Mwen menm ak ___ ___ ___ ___ ___ ___ mwen tounen byen fre.
   nmamda

4. Enben, nou ap toujou kite batan pòt nou yo tou louvri pou tout
   ___ ___ ___ ___ ___ ___ ___ ___ a.
   keonmtio

5. Nou gen plis fòs e plis ___ ___ ___ ___ ___ ___ ___ ___ ___ ___ ___ .
   ydpisozosin

6. Mwen ___ ___ ___ ___ ___ ___ sa.
   ktoann

7. Nou fèk soti pran yon mwa ___ ___ ___ ___ .
   eorp

8. Yo tout deside rekòmanse achte nan ___ ___ ___ ___ ___ ___ ___ an.
   mageazn

Chwazi repons ou yo pami mo sa yo:

kominote	madanm	kliyan	magazen	repo
Vakans	dispozisyon	kontan		

Kòd Sekrè - Leson 7 - Tounen Nan Travay - Vokabilè

Non: _____ Klas: _____ Dat: _____

Nan chak fraz dekode mo a.

1. Nou fèk soti pran yon mwa ___ ___ ___ ___ .
   yrfh

2. Enben, nou ap toujou kite batan pòt nou yo tou louvri pou tout
   ___ ___ ___ ___ ___ ___ ___ ___ a.
   zhqewhur

3. Mwen ___ ___ ___ ___ ___ ___ sa.
   zhwuvw

4. Yo tout deside rekòmanse achte nan ___ ___ ___ ___ ___ ___ ___ an.
   qvsvbrw

5. Mwen menm ak _____ mwen tounen byen fre.
   qvivwq

6. Nou gen plis fòs e plis _____ .
   ieofhbeomhw

7. ___ ___ ___ ___ ___ ___ fèk fini.
   dvzvwo

8. Nou kontan rewè tout ___ ___ ___ ___ ___ ___ nou yo nou pa wè kèk jou.
   zpemvw

Kòd Sekrè:

a	b	c	d	e	f	g	h	i	j	k	l	m	n	o	p	q	r	s	t	u	v	w	x	y	z
v	g	j	i	r	c	s	l	e	t	z	p	q	w	h	f	n	y	o	u	a	d	x	k	m	b

Chwazi repons ou yo pami mo sa yo:

| repo | dispozisyon | Vakans | magazen | madanm |
| kominote | kontan | kliyan | | |

Aktivite Leson 8
Mo Kwaze - Leson 8 – Lanjelis - Vokabilè

Non: _____ Klas: _____ Dat: _____

Sèvi ak rezilta ou jwenn nan aktivite ak fraz yo pou konplete mo kwaze a.

An travè

1. Firanmezi yo ap mache, yo ap disparèt nan ___ ___ ___ ___ ___ ___ diswa.

2. A yon ti distans de mwen, mwen wè kèk moun ki ap tounen ___ ___ ___ ___ ___ .

3. Yo pa mache twò vit; paske ___ ___ ___ ___ ___ ___ travay la fin pran tout fòs yo.

4. Li fèk ___ ___ ___ ___ .

Anba

1. ___ ___ ___ ___ ___ ___ ___ ___ ___ yo ap mache, yo ap disparèt nan labrim diswa.

2. Jounen an kòmanse fèmen ___ ___ ___ ___ ___ li yo.

Chwazi repons ou yo pami mo sa yo:

popyè   jounen   Firanmezi   labrim   setè
lakay

Mo Kle Enpòtan - Leson 8 – Lanjelis - Vokabilè

Non: _____ Klas: _____ Dat: _____

Ekri fraz ak mo sa yo.

jounen

setè

popyè

lakay

labrim

Firanmezi

Mo Mele - Leson 8 - Lanjelis- Vokabilè

Non: _____ Klas: _____ Dat: _____

Chak fraz gen yon mo ki mele. Demele mo a.

1. Jounen an kòmanse fèmen ___ ___ ___ ___ ____ li yo.
   oppyè

2. A yon ti distans de mwen, mwen wè kèk moun ki ap tounen ___ ___ ___ ___ ___ .
   ylaak

3. Yo pa mache twò vit; paske ___ ___ ___ ___ ___ ___ travay la fin pran tout fòs yo.
   eonjun

4. Firanmezi yo ap mache, yo ap disparèt nan ___ ___ ___ ___ ___ ___ diswa.
   abimlr

5. Li fèk ___ ___ ___ ____ .
   tesè

6. ___ ___ ___ ___ ___ ___ ___ ___ ___ yo ap mache, yo ap disparèt nan labrim diswa.
   iFrenimaz

Chwazi repons ou yo pami mo sa yo:

Firanmezi   setè   jounen   lakay   popyè
labrim

Kòd Sekrè - Leson 8 – Lanjelis - Vokabilè

Non: _____ Klas: _____ Dat: _____

Nan chak fraz dekode mo a.

1. Li fèk ___ ___ ___ ___.
   bwcw

2. Firanmezi yo ap mache, yo ap disparèt nan ___ ___ ___ ___ ___ ___ diswa.
   yuntzq

3. A yon ti distans de mwen, mwen wè kèk moun ki ap tounen ___ ___ ___ ___ ___.
   yujui

4. ___ ___ ___ ___ ___ ___ ___ ___ ___ yo ap mache, yo ap disparèt nan labrim diswa.
   mztuxqwvz

5. Yo pa mache twò vit; paske ___ ___ ___ ___ ___ ___ travay la fin pran tout fòs yo.
   dfkxwx

6. Jounen an kòmanse fèmen ___ ___ ___ ___ ___ li yo.
   sfsiw

Kòd Sekrè:

a	b	c	d	e	f	g	h	i	j	k	l	m	n	o	p	q	r	s	t	u	v	w	x	y	z
u	n	e	g	w	m	o	h	z	d	j	y	q	x	f	s	a	t	b	c	k	r	l	p	i	v

Chwazi repons ou yo pami mo sa yo:

lakay   setè   jounen   Firanmezi   labrim
popyè

Mo Kwaze - Leson 8 – Lanjelis - Vèb

Non: _____ Klas: _____ Dat: _____

Sèvi ak rezilta ou jwenn nan aktivite ak fraz yo pou konplete mo kwaze a.

An travè
1. Pita ankò ___ ___ lanwit.

2. Yo pa ___ ___ ___ ___ ___ twò vit; paske jounen travay la fin pran tout fòs yo.

3. Yon lòt ti moman yo ___ ___ ___ ___ ___ nèt nan fènwa a.

4. A yon ti distans de mwen, mwen wè kèk moun ki ap ___ ___ ___ ___ ___ ___ lakay.

5. Li ___ ___ ___ setè.

Anba
1. Firanmezi yo ap mache, yo ap ___ ___ ___ ___ ___ ___ ___ ___ nan labrim diswa.

2. Petèt nou va wè moun si lalin nan pa ___ ___ ___ ___ ___ anba nyaj.

3. Jounen an ___ ___ ___ ___ ___ ___ ___ fèmen popyè li yo.

4. Syèl la pral ___ ___ ___ ___ ___ ak zetwal.

Chwazi repons ou yo pami mo sa yo:
se   efase   kòmanse   boure   tounen   mache
disparèt   fèk   kache

69

Mo Kle Enpòtan - Leson 8 – Lanjelis - Vèb
Non: _____ Klas: _____ Dat: _____

Ekri fraz ak mo sa yo.

boure

tounen

kòmanse

disparèt

mache

fèk

efase

se

kache

Mo Mele - Leson 8 – Lanjelis - Vokabilè

Non: _____ Klas: _____ Dat: _____

Chak fraz gen yon mo ki mele. Demele mo a.

1. Yo pa ___ ___ ___ ___ ___ twò vit; paske jounen travay la fin pran tout fòs yo.
   chame

2. Syè la pral ___ ___ ___ ___ ___ ak zetwal.
   bureo

3. Li ___ ___ ___ setè.
   kfè

4. Yon lòt ti moman yo ___ ___ ___ ___ ___ nèt nan fènwa a.
   aeesf

5. Pita ankò ___ ___ lanwit.
   es

6. A yon ti distans de mwen, mwen wè kèk moun ki ap ___ ___ ___ ___ ___ ___ lakay.
   nouetn

7. Petèt nou va wè moun si lalin nan pa ___ ___ ___ ___ ___ anba nyaj.
   ekach

8. Firanmezi yo ap mache, yo ap ___ ___ ___ ___ ___ ___ ___ ___ nan labrim diswa.
   drtsaipè

9. Jounen an ___ ___ ___ ___ ___ ___ ___ fèmen popyè li yo.
   òskaemn

Chwazi repons ou yo pami mo sa yo:

boure	kòmanse	mache	tounen	efase	disparèt
se	kache	fèk			

Kòd Sekrè - Leson 8 – Lanjelis - Vokabilè

Non: _____ Klas: _____ Dat: _____

Nan chak fraz dekode mo a.

1. Petèt nou va wè moun si lalin nan pa ___ ___ ___ ___ ___ anba nyaj .
   eigzt

2. A yon ti distans de mwen, mwen wè kèk moun ki ap ___ ___ ___ ___ ___ ___ lakay.
   xcfptp

3. Yo pa ___ ___ ___ ___ ___ twò vit; paske jounen travay la fin pran tout fòs yo.
   uigzt

4. Jounen an ___ ___ ___ ___ ___ ___ fèmen popyè li yo.
   ecuipyt

5. Firanmezi yo ap mache, yo ap ___ ___ ___ ___ ___ ___ ___ ___ nan labrim diswa.
   rjybiltx

6. Li ___ ___ ___ setè.
   hte

7. Pita ankò ___ ___ lanwit.
   yt

8. Yon lòt ti moman yo ___ ___ ___ ___ ___ nèt nan fènwa a.
   thiyt

9. Syèl la pral ___ ___ ___ ___ ___ ak zetwal.
   dcflt

Kòd Sekrè:

a	b	c	d	e	f	g	h	i	j	k	l	m	n	o	p	q	r	s	t	u	v	w	x	y	z
i	d	g	r	t	h	w	z	j	v	e	a	u	p	c	b	n	l	y	x	f	s	m	q	k	o

Chwazi repons ou yo pami mo sa yo:

| mache | kache | kòmanse | efase | boure |
| fèk | tounen | disparèt | se | |

Aktivite Leson 9
Mo Kle Enpòtan - Leson 9 - Yon Pye Kenèp Mal - Vèb

Non: _____ Klas: _____ Dat: _____

Ekri fraz ak mo sa yo.

joure _____

gen _____

resevwa _____

fè _____

renmen _____

kage _____

rive _____

Se _____

soufle _____

Mo Kwaze - Leson 9 - Yon Pye Kenèp Mal - Vèb

Non: _____ Klas: _____ Dat: _____

Sèvi ak rezilta ou jwenn nan aktivite ak fraz yo pou konplete mo kwaze a.

An travè

1. Yon ti kay ki tou pre li ___ ___ ___ ___ ___ ___ ___ bon jan frechè ak lonbraj.

2. Bò lakay mwen, ___ ___ ___ yon pye kenèp.

4. ___ ___ yon kenèp mal.

5. Se tout lajounen moun ap ___ ___ ___ ___ ___ pyebwa a.

6. Lè labriz diswa ap soufle nan mitan fèy li yo, gen yon bèl mizik ki ___ ___ ___ ___ nan zòrèy nou.

Anba

1. Li pajanm ___ ___ mal.

2. Nou pa ___ ___ ___ ___ ___ ___ sa?

3. Tanzantan yon moun nan kay la ___ ___ ___ ___ chèz li anba pye Kenèp la.

4. Lè labriz diswa ap ___ ___ ___ ___ ___ ___ nan mitan fèy li yo, gen yon bèl mizik ki rive nan zòrèy nou.

Chwazi repons ou yo pami mo sa yo:

joure	rive	Se	soufle	renmen	gen
fè	resevwa	kage			

Mo Mele - Leson 9 - Yon Pye Kenèp Mal - Vèb

Non: _____ Klas: _____ Dat: _____

Chak fraz gen yon mo ki mele. Demele mo a.

1. Li pajanm __ __ mal.
   èf

2. Nou pa __ __ __ __ __ __ sa?
   enrnme

3. Se tout lajounen moun ap __ __ __ __ __ pyebwa a.
   juroe

4. Tanzantan yon moun nan kay la __ __ __ __ chèz li anba pye kenèp la.
   Keag

5. Bò lakay mwen, __ __ __ yon pye kenèp.
   egn

6. __ __ yon kenèp mal.
   es

7. Yon ti kay ki tou pre li __ __ __ __ __ __ __ bon jan frechè ak lonbraj.
   rweveas

8. Lè labriz diswa ap soufle nan mitan fèy li yo, gen yon bèl mizik ki __ __ __ __ nan zòrèy nou.
   ievr

9. Lè labriz diswa ap __ __ __ __ __ __ nan mitan fèy li yo, gen yon bèl mizik ki rive nan zòrèy nou.
   oleufs

Chwazi repons ou yo pami mo sa yo:

| kage | resevwa | Se | joure | renmen | rive |
| soufle | fè | gen | | | |

Kòd Sekrè - Leson 9 - Yon Pye Kenèp Mal - Vèb

Non: _____ Klas: _____ Dat: _____

Nan chak fraz dekode mo a.

1. Lè labriz diswa ap ___ ___ ___ ___ ___ ___ nan mitan fèy li yo, gen yon bèl mizik ki rive nan zòrèy nou.
   zcpgyf

2. Se tout lajounen moun ap ___ ___ ___ ___ ___ pyebwa a.
   xcpaf

3. Tanzantan yon moun nan kay la ___ ___ ___ ___ chèz li anba pye kenèp la.
   hwlf

4. Bò lakay mwen, ___ ___ ___ yon pye kenèp.
   lfj

5. Yon ti kay ki tou pre li ___ ___ ___ ___ ___ ___ ___ bon jan frechè ak lonbraj.
   afzfsiw

6. Li pajanm ___ ___mal.
   gf

7. Lè labriz diswa ap soufle nan mitan fèy li yo, gen yon bèl mizik ki ___ ___ ___ ___ nan zòrèy nou.
   adsf

8. Nou pa ___ ___ ___ ___ ___ ___ sa?
   afjqfj

9. ___ ___ yon kenèp mal.
   zf

Kòd Sekrè:

a	b	c	d	e	f	g	h	i	j	k	l	m	n	o	p	q	r	s	t	u	v	w	x	y	z
w	e	u	o	f	g	l	m	d	x	h	y	q	j	c	r	v	a	z	n	p	s	i	t	b	k

Chwazi repons ou yo pami mo sa yo:

| joure | renmen | Se | soufle | rive | gen |
| resevwa | fè | kage | | | |

Mo Kwaze - Leson 9 - Yon Pye Kenèp Mal - Vokabilè

Non: _____ Klas: _____ Dat: _____

Sèvi ak rezilta ou jwenn nan aktivite ak fraz yo pou konplete mo kwaze a.

An travè

1. Lè labriz diswa ap soufle nan mitan fèy li yo, gen yon bèl mizik ki rive nan ___ ___ ___ ___ ___ nou.

2. Yon ti kay ki tou pre li resevwa bon jan frechè ak ___ ___ ___ ___ ___ ___ ___.

6. Se tout ___ ___ ___ ___ ___ ___ ___ ___ moun ap joure pyebwa a.

7. ___ ___ ___ ___ ___ ___ ___ ___ yon moun nan kay la kage chèz li anba pye kenèp la.

8. Nou pa renmen ___ ___ ?

Anba

1. Lè ___ ___ ___ ___ ___ ___ ___ ___ ___ ___ ap soufle nan mitan fèy li yo, gen yon bèl mizik ki rive nan zòrèy nou.

2. Se yon ___ ___ ___ ___ ___ mal.

3. Yon ti kay ki tou pre li resevwa bon jan ___ ___ ___ ___ ___ ___ ak lonbraj.

4. Men ___ ___ ___ ___ ___ ___ ___ moun ap joure li?

5. Li ___ ___ ___ ___ ___ ___ fè mal.

6. Bò ___ ___ ___ ___ ___ mwen, gen yon pye kenèp.

Chwazi repons ou yo pami mo sa yo:

Tanzantan	Kenèp	frechè	lajounen	poukisa
sa	labriz diswa	pajanm	lakay	zòrèy
lonbraj				

77

Mo Kle Enpòtan - Leson 9 - Yon Pye Kenèp Mal - Vokabilè
Non: _____ Klas: _____ Dat: _____

Ekri fraz ak mo sa yo.

kenèp

labriz diswa

lajounen

lakay

Tanzantan

zòrèy

sa

frechè

poukisa

lonbraj

pajanm

Mo Mele - Leson 9 - Yon Pye Kenèp Mal - Vokabilè

Non: _____ Klas: _____ Dat: _____

Chak fraz gen yon mo ki mele. Demele mo a.

1. Men ___ ___ ___ ___ ___ ___ ___ moun ap joure li?
   opkisau

2. Yon ti kay ki tou pre li resevwa bonjan ___ ___ ___ ___ ___ ___ak lonbraj.
   rhefcè

3. ___ ___ ___ ___ ___ ___ ___ ___ ___ yon moun nan kay la kage chèz li anba pye kenèp la.
   nnnazaatT

4. Se tout ___ ___ ___ ___ ___ ___ ___ ___ moun ap joure pye bwa a.
   nnjouale

5. Lè ___ ___ ___ ___ ___ ___ ___ ___ ___ ___ ap soufle nan mitan fèy li yo, gen yon bèl mizik ki rive nan zòrèy nou.
   dibrzalwais

6. Se yon ___ ___ ___ ___ ___mal.
   pnkeè

7. Bò ___ ___ ___ ___ ___ mwen, gen yon pye kenèp.
   layka

8. Nou pa renmen ____ ___?
   as

9. Lè labriz diswa ap soufle nan mitan fèy li yo, gen yon bèl mizik ki rive nan ___ ___ ___ ____ ___nou.
   òyrèz

10. Yon ti kay ki tou pre li resevwa bon jan frechè ak ___ ___ ___ ___ ___ ___ ___.
    jalrbno

11. Li ___ ___ ___ ___ ___ ___ fè mal.
    amjpan

Chwazi repons ou yo pami mo sa yo:

kenèp	Tanzantan	lakay	frechè	la briz diswa
lajounen	sa	zòrèy	lonbraj	pajanm
Poukisa				

Kòd Sekrè - Leson 9 - Yon Pye Kenèp Mal - Vokabilè

Non: _____ Klas: _____ Dat: _____

Nan chak fraz dekode mo a.

1. Yon ti kay ki tou pre li resevwa bon jan frechè ak ___ ___ ___ ___ ___ ___ ___.
   scnrukw

2. Lè labriz diswa ap soufle nan mitan fèy li yo, gen yon bèl mizik ki rive nan ___ ___ ___ ___ ___ nou.
   gcuhv

3. Nou pa renmen ___ ___ ?
   xk

4. Bò ___ ___ ___ ___ ___ mwen, gen yon pye kenèp.
   skfkv

5. ___ ___ ___ ___ ___ ___ ___ ___ ___ yon moun nan kay la kage chèz li anba pye Kenèp la.
   ekngknekn

6. Men ___ ___ ___ ___ ___ ___ ___ moun ap joure li?
   pcdfzxk

7. Se tout ___ ___ ___ ___ ___ ___ ___ ___ moun ap joure pyebwa a.
   skwcdnhn

8. Yon ti kay ki tou pre li resevwa bon jan ___ ___ ___ ___ ___ ___ ak lonbraj.
   juhbmh

9. Se yon ___ ___ ___ ___ ___ mal.
   fhnhp

10. Li ___ ___ ___ ___ ___ ___ fè mal.
    pkwknt

11. Lè ___ ___ ___ ___ ___ ___ ___ ___ ___ ___ ap soufle nan mitan fèy li yo, gen yon bèl mizik ki rive nan zòrèy nou.
    Skruzgozxik

Kòd Sekrè:

a	b	c	d	e	f	g	h	i	j	k	l	m	n	o	p	q	r	s	t	u	v	w	x	y	z
k	r	b	o	h	j	q	m	z	w	f	s	t	n	c	p	l	u	x	e	d	y	i	a	v	g

Chwazi repons ou yo pami mo sa yo:

kenèp   lajounen   frechè   sa   Tanzantan   pajanm
poukisa   labriz diswa   zòrèy   lonbraj   lakay

Aktivite Leson 10

Mo Kle Enpòtan - Leson 10 - Aparans E Karaktè Moun - Vèb ak ekspresyon

Non: _____ Klas: _____ Dat: _____

Ekri fraz ak mo sa yo.

gen moun tèt drèt

gen moun anraje

gen

kenbe

di

pale klè

Gen moun

pale

deraye

Mo Mele - Leson 10 - Aparans E Karaktè Moun - Vèb ak espresyon

Non: _____ Klas: _____ Dat: _____

Chak fraz gen yon mo ki mele. Demele mo a.

1. Moun anraje a, lè li deraye se ___ ___ ___ ___ ___ pou yo kenbe li.
   neekb

2. Moun tèt drèt la ___ ___ ___ ___ ___ ___ ___ kou dlo kòk.
   kaplelè

3. Men, ___ ___ ___ ___ ___ ___ ___ ___ ___ ___ ___ ___ ___ tou.
   nmrguaejonaen

4. Nan tout peyi, Amerik oubyen Ewòp, Azi, Afrik oubyen Ostrali, gen moun fou,
   ___ ___ ___ ___ ___ ___ ___ ___ ___ ___ ___ ___ ___ ___ ___ .
   unomdrtetgtnèè

5. Moun fou a ___ ___ ___ ___, men pifò pawòl li di depaman youn ak lòt.
   apel

6. Pwovèb kreyòl la ___ ___ : "Tout moun se moun, men tout moun pa menm".
   di

7. Sou latè ___ ___ ___ tout kalite moun.
   egn

8. ___ ___ ___ ___ ___ ___ ___ ki dousman, ki parese; konsa tou gen moun ki aktif, ki travayan.
   eomunnG

9. Moun anraje a, lè li ___ ___ ___ ___ ___ ___ se kenbe pou yo kenbe li.
   aryede

<u>**Chwazi repons ou yo pami mo sa yo:**</u>

gen moun anraje	pale klè	kenbe	pale	
Gen moun	deraye	gen moun tèt drèt	gen	di

Kòd Sekrè - Leson 10 - Aparans E Karaktè Moun - Vèb ak espresyon

Non: _____ Klas: _____ Dat: _____

Nan chak fraz dekode mo a.

1. Moun tèt drèt la ___ ___ ___ ___ ___ ___ ___ kou dlo kòk.
   lebsybs

2. Moun anraje a, lè li deraye se ___ ___ ___ ___ ___ pou yo kenbe li.
   ysuos

3. Nan tout peyi, Amerik oubyen Ewòp, Azi, Afrik oubyen Ostrali, gen moun fou, ___ ___ ___ ___ ___ ___ ___ ___ ___ ___ ___ ___ ___.
   qsuwvdujsjansj

4. Pwovèb kreyòl la ___ ___ : "Tout moun se moun, men tout moun pa menm".
   ag

5. Moun anraje a, lè li ___ ___ ___ ___ ___ se kenbe pou yo kenbe li.
   asners

6. Men ___ ___ ___ ___ ___ ___ ___ ___ ___ ___ ___ ___ tou.
   qsuwvdueunexs

7. ___ ___ ___ ___ ___ ___ ki dousman, ki parese; konsa tau gen moun ki aktif, ki travayan.
   qsuwvdu

8. Sou latè ___ ___ ___ tout kalite moun.
   qsu

9. Moun fou a ___ ___ ___ ___, men pi fò pawòl li di depaman youn ak lòt.
   lebs

Kòd Sekrè:
a b c d e f g h i j k l m n o p q r s t u v w x y z
e o f a s m q c g x y b w u v l p n t j d h i z r k

Chwazi repons ou yo pami mo sa yo:
Pale   di   kenbe   pale klè
gen moun anraje deraye   gen moun tèt drèt gen
Gen moun

Mo Kwaze - Leson 10 - Aparans E Karaktè Moun - Vokabilè

Non: _____ Klas: _____ Dat: _____

Sèvi ak rezilta ou jwenn nan aktivite ak fraz yo pou konplete mo kwaze a.

An travè
1. Moun tèt drèt la pale klè kou ___ ___ ___ ___ ___ ___.

2. Men, gen moun ___ ___ ___ ___ ___ ___ tou.

3. Gwo moun, moun ___ ___ ___ ___, moun mèg, moun gra ekt....

4. Gen moun ki dousman, ki parese; konsa tou gen moun ki aktif, ki ___ ___ ___ ___ ___ ___ ___ ___.

5. ___ ___ ___ ___ ___ ___ kreyòl la di: "Tout moun se moun, men tout moun pa menm".

Anba
1. Moun fou a pale, men pifò pawòl li di ___ ___ ___ ___ ___ ___ ___ youn ak lòt.

2. Nan tout peyi, Amerik oubyen Ewòp, Azi, Afrik oubyen ___ ___ ___ ___ ___ ___ ___, gen moun fou, gen moun tèt drèt.

3. ___ ___ ___ ___ anraje a, lè li deraye se kenbe pou yo kenbe li.

4. Sou ___ ___ ___ ___ gen tout kalite moun.

Chwazi repons ou yo pami mo sa yo:

late	travayan	dlo kòk	Pwovèb	depaman
Ostrali	mens	Moun		
anraje				

Mo Kle Enpòtan - Leson 10 - Aparans E Karaktè Moun - Vokabilè

Non: _____ Klas: _____ Dat: _____

Ekri fraz ak mo sa yo.

Pwovèb

anraje

latè

Ostrali

depaman

Moun

mens

dlo kòk

travayan

Mo Mele - Leson 10 - Aparans E Karaktè Moun - Vokabilè

Non: _____ Klas: _____ Dat: _____

Chak fraz gen yon mo ki mele. Demele mo a.

1. Sou ___ ___ ___ ___ gen tout kalite moun.
   Itaè

2. ___ ___ ___ ___ ___ ___ kreyòl la di: "Tout moun se moun, men tout moun pa menm".
   Pèbwvo

3. Men, gen moun ___ ___ ___ ___ ___ ___ tou.
   enjara

4. Nan tout peyi, Amerik oubyen Ewòp, Azi, Afrik oubyen ___ ___ ___ ___ ___ ___ ___, gen moun fou, gen moun tèt drèt.
   Ortslia

5. Moun tèt drèt la pale klè kou ___ ___ ___ ___ ___ ___.
   olkkdò

6. ___ ___ ___ ___ anraje a, lè li deraye se kenbe pou yo kenbe li.
   nMuo

7. Moun fou a pale, men pifò pawòl li di ___ ___ ___ ___ ___ ___ ___ youn ak lòt.
   apdmnea

8. Gwo moun, moun ___ ___ ___ ___, moun mèg, moun gra ekt. ..
   enms

9. Gen moun ki dousman, ki parese; konsa tou gen moun ki aktif, ki
   ___ ___ ___ ___ ___ ___ ___ ___.
   tvyaraan

Chwazi repons ou yo pami mo sa yo:

depaman	latè	Moun	Ostrali	travayan	dlo kòk
mens	anraje	Pwovèb			

Kòd Sekrè - Leson 10 - Aparans E Karaktè Moun - Vokabilè

Non: _____ Klas: _____ Dat: _____

Nan chak fraz dekode mo a.

1. Moun fou a pale, men pifò pawòl li di ___ ___ ___ ___ ___ ___ ___ youn ak lòt.
   xatflfz

2. Gwo moun, moun ___ ___ ___ ___ , moun mèg, moun gra ekt...
   lazb

3. Men, gen moun ___ ___ ___ ___ ___ ___ tou.
   fzcfka

4. Gen moun ki dousman, ki parese; konsa tou gen moun ki aktif, ki
   ___ ___ ___ ___ ___ ___ ___.
   ocfufefz

5. ___ ___ ___ ___ anraje a, lè li deraye se kenbe pou yo kenbe li.
   lhwz

6. ___ ___ ___ ___ ___ ___ kreyòl la di: "Tout moun se moun, men tout moun pa menm".
   tyhuad

7. Nan tout peyi, Amerik oubyen Ewòp, Azi, Afrik oubyen ___ ___ ___ ___ ___ ___ ___,
   gen moun fou, gen moun tèt drèt.
   hbocfnq

8. Sou ___ ___ ___ ____ gen tout kalite moun.
   nfoa

9. Moun tèt drèt la pale klè kou ___ ___ ___ ___ ___ ___.
   xnhrhr

Kòd Sekrè:

↑a b c d e f g h i j k l m n o p q r s t u v w x y z↑
 f d g x a j p m q k r n l z h t s c b o w u y i e v

Chwazi repons ou yo pami mo sa yo:

dlo kòk   Ostrali   travayan   anraje   Pwovèb   mens
Moun   depaman   late

88

Aktivite Leson 11
Mo Kwaze - Leson 11 - Yon Lèt Bay Manman Mwen - Vèb

Non: _____ Klas: _____ Dat: _____

Sèvi ak rezilta ou jwenn nan aktivite ak fraz yo pou konplete mo kwaze a.

An travè
4. Tanpri, toujou sonje mwen ___ ___ ___ ___ ___ ___ w anpil!
5. ___ ___ ___ ___ tout fado w yo ak bon jan kouraj.
6. Men mwen konnen sa ___ ___ ou tris.
7. Se avèk yon gwo lakontantman, mwen pran plim mwen pou mwen ___ ___ ___ ___ ou.
8. Sa fè lontan depi nou pa ___ ___ ___ ___ .
9. ___ ___ ___ mwen nouvèl tout lòt moun yo nan Nouyòk?
10. Manman cheri mwen, kijan ou ___ ___ ?

Anba
1. Mwen ___ ___ ___ ___ ___ ou anpil.
2. Men manman, ou mèt sèten, kè mwen ___ ___ ___ ___ tou pre kè ou.
3. ___ ___ ___ ___ ___ ___ ___ ___ ___, 26 avril 1993.
4. Mwen menm, kè mwen ap ___ ___ ___ ___ ___.
5. Se chak jou nanm mwen louvri byen laj devan Bondye pou ___ ___ ___ ___ ___ pou ou.
6. Mwen pa ___ ___ ___ ___ ___ ___ ni jou ni mwa, ni ane, yon sèl bagay, soulajman w pa twò lwen.

Chwazi repons ou yo pami mo sa yo:
ekri	rete	fè	ye	renmen	koze	
rache	Petyonvil	Ban	Pote	sonje	priye	konnen

89

Mo Kle Enpòtan - Leson 11 - Yon Lèt Bay Manman Mwen - Vèb

Non: _____ Klas: _____ Dat: _____

Ekri fraz ak mo sa yo.

konnen

ye

fè

rache

koze

rete

sonje

Pote

Ban

Petyonvil

ekri

renmen

priye

Mo Mele - Leson 11 - Yon Lèt Bay Manman Mwen - Vèb

Non: _____ Klas: _____ Dat: _____

Chak fraz gen yon mo ki mele. Demele mo a.

1. Mwen pa ___ ___ ___ ___ ___ ___ ni jou ni mwa, ni ane, yon sèl bagay, soulajman w pa twò lwen.
   nnneok

2. ___ ___ ___ mwen nouvèl tout lòt moun yo nan Nouyòk?
   aBn

3. Men manman, ou mèt sèten, kè mwen ___ ___ ___ ___ tou pre kè ou.
   etre

4. Manman cheri mwen, kijan ou ___ ___?
   ye

5. Se avèk yon gwo lakontantman, mwen pran plim mwen pou mwen ___ ___ ___ ___ ou.
   ierk

6. ___ ___ ___ ___ tout fado w yo ak bon jan kouraj.
   oPte

7. Mwen ___ ___ ___ ___ ___ ou anpil.
   neojs

8. ___ ___ ___ ___ ___ ___ ___ ___ ___, 26 avril 1993
   oevlnitPy

9. Sa fè lontan depi nou pa ___ ___ ___ ___ .
   zeko

10. Tanpri, toujou sonje mwen ___ ___ ___ ___ ___ ___ w anpil!
    nreemn

11. Men mwen konnen sa ___ ou tris.
    èf

12. Se chak jou nanm mwen louvri byen laj devan Bondye pou ___ ___ ___ ___ ___ pou ou.
    repyi

13. Mwen menm, kè mwen ap ___ ___ ___ ___ ___ .
    hrcea

Chwazi repons ou yo pami mo sa yo:

konnen	rete	rache	priye	ekri
renmen	Petyonvil	sonje	te	ye
Pote	koze	Ban		

92

Kòd Sekrè - Leson 11 - Yon Lèt Bay Manman Mwen - Vèb

Non: _____ Klas: _____ Dat: _____

Nan chak fraz dekode mo a.

1. Se avèk yon gwo lakontantman, mwen pran plim mwen pou mwen ___ ___ ___ ___ ou.
   wayt

2. Tanpri, toujou sonje mwen ___ ___ ___ ___ ___ ___ w anpil!
   ywpewp

3. Men manman, ou mèt sèten, kè mwen ___ ___ ___ ___ tou pre kè ou.
   ywqw

4. Mwen pa ___ ___ ___ ___ ___ ___ ni jou ni mwa, ni ane, yon sèl bagay, soulajman w pa twò lwen.
   arppwp

5. ___ ___ ___ ___ ___ ___ ___ ___ ___ , 26 avril 1993
   mwqzrputf

6. Mwen ___ ___ ___ ___ ___ ou anpil.
   hrpiw

7. Sa fè lontan depi nou pa ___ ___ ___ ___ .
   argw

8. Se chak jou nanm mwen louvri byen laj devan Bondye pou ___ ___ ___ ___ ___ pou ou.
   mytzw

9. ___ ___ ___ mwen nouvèl tout lòt moun yo nan Nouyòk?
   lcp

10. ___ ___ ___ ___ tout fado w yo ak bon jan kouraj.
    mrqw

11. Manman cheri mwen, kijan ou ___ ___ ?
    zw

12. Mwen menm, kè mwen ap ___ ___ ___ ___ .
    ycdkw

13. Men mwen konnen sa ___ ___ ou tris.
    bw

Kòd Sekrè:

a	b	c	d	e	f	g	h	i	j	k	l	m	n	o	p	q	r	s	t	u	v	w	x	y	z
c	l	d	o	w	b	n	k	t	i	a	f	e	p	r	m	s	y	h	q	j	u	x	v	z	g

Chwazi repons ou yo pami mo sa yo:

| rete | renmen | priye | fè | sonje | rache |
| konnen | ye | ekri | Petyonvil | Ban | Pote | koze |

Mo Kwaze - Leson 11 - Yon Lèt Bay Manman Mwen - Vokabilè

Non: _____ Klas: _____ Dat: _____

Sèvi ak rezilta ou jwenn nan aktivite ak fraz yo pou konplete mo kwaze a.

An travè

2. Sa fè ___ ___ ___ ___ ___ ___ depi nou pa koze.

3. ___ ___ ___ ___ ___ ___ ___ ___ ___ ___ ou, BIBI

4. Mwen ta renmen pou ou bò kote mwen. Di ___ ___ ___ ___ ___ ___ ___ ___ mwen renmen yo anpil.

5. Mwen sonje ou ___ ___ ___ ___ ___.

6. Ban mwen ___ ___ ___ ___ ___ ___ tout lòt moun yo nan Nouyòk?

7. ___ ___ ___ ___ ___ ___ ___ ___, kè mwen ap rache.

8. ___ ___ ___ ___ ___ ___ ___ ___ ___, 26 avril 1993

Anba

1. Manman ___ ___ ___ ___ ___ mwen, kijan ou ye?

2. Se avèk yon gwo ___ ___ ___ ___ ___ ___ ___ ___ ___ ___ ___, mwen pran plim mwen pou mwen ekri ou.

3. Men mwen konnen sa fè ou ___ ___ ___ ___ .

4. Men manman, ou mèt ___ ___ ___ ___ ___ , kè mwen rete tou pre kè ou.

5. Pote tout ___ ___ ___ ___ w yo ak bon jan kouraj.

6. ___ ___ ___ ___ ___ ___, toujou sonje mwen renmen w anpil!

7. Mwen pa konnen ni jou ni mwa, ni ane, yon sèl bagay, ___ ___ ___ ___ ___ ___ ___ ___ ___ w pa twò lwen.

8. Se chak jou nanm mwen louvri byen laj devan ___ ___ ___ ___ ___ ___ pou priye pou ou.

Chwazi repons ou yo pami mo sa yo:

tris	Pitit gason	nouvèl	Tanpri	Mwen menm
sèten	anpil	soulajman	lakontantman	fado
tout moun	cheri	lontan	Bondye	Petyonvil

95

Mo Kle Enpòtan - Leson 11 - Yon Lèt Bay Manman Mwen - Vokabilè
Non: _____ Klas: _____ Dat: _____

Ekri fraz ak mo sa yo.

nouvèl

Tanpri

Mwen menm

cheri

Petyonvil

fado

tout moun

anpil

Bondye

Pitit gason

soulajman

tris

sèten

lontan

lakontantman

Mo Mele - Leson 11 - Yon Lèt Bay Manman Mwen - Vokabilè

Non: _____ Klas: _____ Dat: _____

Chak fraz gen yon mo ki mele. Demele mo a.

1. Pote tout ___ ___ ___ ___ w yo ak bon jan kouraj.
   ofad

2. Men mwen konnen sa fè ou ___ ___ ___ ___.
   rist

3. Mwen sonje ou ___ ___ ___ ___ ___.
   ilnpa

4. Manman ___ ___ ___ ___ ___ mwen, kijan ou ye?
   erhic

5. ___ ___ ___ ___ ___ ___ ___ ___, kè mwen ap rache.
   nweMmnme

6. Men manman, ou mèt ___ ___ ___ ___ _____, kè mwen rete tou pre kè ou.
   Snetè

7. ___ ___ ___ ___ ___, toujou sonje mwen renmen w anpil!
   mpnTia

8. Sa fè ___ ___ ___ ___ ___ ___ depi nou pa koze.
   antnol

9. Se chak jou nanm mwen louvri byen laj devan ___ ___ ___ ___ ___ ___pou priye pou ou.
   Bndoey

10. ___ ___ ___ ___ ___ ___ ___ ___ ___, 26 avril 1993
    Plvinotye

11. Mwen pa konnen ni jou ni mwa, ni ane, yon sèl bagay,
    ___ ___ ___ ___ ___ ___ ___ ___ w pa twò lwen.
    Ausjlaomn

12. Se avèk yon gwo ___ ___ ___ ___ ___ ___ ___ ___ ___ ___ ___ ___, mwen pran plim mwen pou mwen ekri ou.
    talanmotnakn

13. Mwen ta renmen pou ou bò kote mwen. Di ___ ___ ___ ___ ___ ___ ___ ___
    mwen renmen yo anpil.
    tuotomnu

14. ___ ___ ___ ___ ___ ___ ___ ___ ___ ___ ou, BiBi
    tPtngiaosi

15. Ban mwen ___ ___ ___ ___ ___ ___ tout lòt moun yo nan Nouyòk?
    ovnluè

Chwazi repons ou yo pami mo sa yo:

Tanpri	sèten	Mwen menm	fado	soulajman
tris	Bondye	cheri	tout moun	Petyonvil
nouvèl	anpil	Pitit gason	lakontantman	lontan

Kòd Sekrè - Leson 11 - Yon Lèt Bay Manman Mwen - Vokabilè

Non: _____ Klas: _____ Dat: _____

Nan chak fraz dekode mo a.

1. Mwen sonje ou ___ ___ ___ ___ ___.
   hvgpq

2. Se avèk yon gwo ___ ___ ___ ___ ___ ___ ___ ___ ___ ___ ___, mwen pran plim mwen pou mwen ekri ou.
   qhtrvjhvjihv

3. Ban mwen ___ ___ ___ ___ ___ tout lòt moun yo nan Nouyòk?
   vrylq

4. ___ ___ ___ ___ ___ ___ ___ ___ ___, 26 avril 1993
   gcjkrvlpq

5. Mwen pa konnen ni jou ni mwa, ni ane, yon sèl bagay, ___ ___ ___ ___ ___ ___ ___ ___ w pa twò lwen.
   wryqhzihv

6. Se chak jou nanm mwen louvri byen laj devan ___ ___ ___ ___ ___ ___ pou priye pou ou.
   arvekc

7. Men manman, ou mèt ___ ___ ___ ___ , kè mwen rete tau pre kè ou.
   wjcv

8. Mwen ta renmen pou ou bò kote mwen. Di ___ ___ ___ ___ ___ ___ ___ ___ mwen renmen yo anpil.
   jryjiryv

9. Pote tout ___ ___ ___ ___ w yo ak bon jan kouraj.
   dher

10. ___ ___ ___ ___ ___ ___ ___ ___ ___ ___ ou, BIBI
    Gpjpjnhwrv

11. ___ ___ ___ ___ ___ ___ ___ ___, kè mwen ap rache.
    ixcvicvi

12. Manman ___ ___ ___ ___ ___ mwen, kijan ou ye?
    uscbp

13. Sa fè ___ ___ ___ ___ ___ ___ depi nou pa koze.
    qrvjhv

14. ___ ___ ___ ___ ___ ___, toujou sonje mwen renmen w anpil!
    jhvgbp

15. Men mwen konnen sa fè ou ___ ___ ___ ___.
    jbpw

Kòd Sekrè:

a	b	c	d	e	f	g	h	i	j	k	l	m	n	o	p	q	r	s	t	u	v	w	x	y	z
h	a	u	e	c	d	n	s	p	z	t	q	i	v	r	g	m	b	w	j	y	l	x	o	k	f

Chwazi repons ou yo pami mo sa yo:

cheri	soulajman	tout moun	tris	Mwen menm
Bondye	anpil	lakontantman	sèten	fado
Petyonvil	Tanpri	lontan	Pitit gason	nouvèl

Aktivite Leson 12
Mo Kwaze - Leson 12 - Nan Lopital - Vèb ak ekspresyon

Non: _____ Klas: _____ Dat: _____

Sèvi ak rezilta ou jwenn nan aktivite ak fraz yo pou konplete mo kwaze a.

An travè
1. Nan youn ou lòt ka, ___ ___ ___ ___ ___ ___ ___ ___ ___ pou wè yon zantray ki ap soufri.

2. Ganyen lòt se akoz enpridans ki ___ ___ yo ale nan òtopedi oubyen chiriji apre yon grav aksidan.

5. ___ ___ ___ ___ ___ ___ se akoz malnitrisyon, oubyen tibèkiloz.

6. Pafwa lè ou ___ ___ moun yo ou gen lapenn.

7. Ganyen ki ___ ___ ___ ___ ___ ___ akoz aksidan.

Anba
1. Li pa fasil pou ___ ___ ___ ___ ___ ___ yon lopital

2. Ganyen ___ ___ ___ ___ ___ ___ malnitrisyon, oubyen tibèkiloz.

3. Ganyen lòt se akoz enpridans ki fè yo ___ ___ ___ nan òtopedi oubyen chiriji apre yon grav aksidan.

4. Gen moun k' ap ___ ___ ___ ___ ___ ___ tout jan.

5. Fòk ou ___ ___ ___ kè ak anpil kouraj.

Chwazi repons ou yo pami mo sa yo:
kouche	soufri	Ganyen	gen	sa di anpil
se akoz	ale	wè	vizite	fè

Mo Kle Enpòtan - Leson 12 - Nan Lopital - Vèb ak ekspresyon

Non: _____ Klas: _____ Dat: _____

Ekri fraz ak mo sa yo.

ale

Ganyen

fè

se akoz

soufri

kouche

gen

vizite

wè

sa di anpil

Mo Mele - Leson 12 - Nan Lopital - Vèb ak ekspresyon

Non: _____ Klas: _____ Dat: _____

Chak fraz gen yon mo ki mele. Demele mo a.

1. Fòk ou ___ ___ ___ kè ak anpil kouraj.
   eng

2. Pafwa lè ou ____ ____ moun yo ou gen lapenn.
   èw

3. Ganyen ki ___ ___ ___ ___ ___ ___ akoz aksidan.
   ukheoc

4. Ganyen ___ ___ ___ ___ ___ ___ malnitrisyon, oubyen tibèkiloz.
   azsoek

5. Ganyen lòt se akoz enpridans ki ___ ___ yo ale nan òtopedi oubyen chiriji apre yon grav aksidan.
   èf

6. Gen moun k' ap ___ ___ ___ ___ ___ ___ tout jan.
   osfriu

7. Nan youn ou lòt ka, ___ ___ ___ ___ ___ ___ ___ ___ ___ pou wè yon zantray ki ap soufri.
   naisaidlp

8. ___ ___ ___ ___ ___ ___ se akoz malnitrisyon, oubyen tibèkiloz.
   enyGan

9. Ganyen lòt se akoz enpridans ki fè yo ____ ___ ___ nan òtopedi oubyen chiriji apre yon grav aksidan.
   Lae

10. Li pa fasil pou ___ ___ ___ ___ ___ ___ yon lopital.
    tezivi

Chwazi repons ou yo pami mo sa yo:

Ganyen	fè	vizite	kouche	sa di anpil
soufri	gen	ale	se akoz	wè

Kòd Sekrè - Leson 12 - Nan Lopital - Vèb ak ekspresyon

Non: _____ Klas: _____ Dat: _____

Nan chak fraz dekode mo a.

1. Pafwa lè ou ___ ___ moun yo ou gen lapenn.
   bj

2. ___ ___ ___ ___ ___ ___ se akoz malnitrisyon, oubyen tibèkiloz.
   txkljk

3. Nan youn ou lòt ka, ___ ___ ___ ___ ___ ___ ___ ___ ___ pou wè yon zantray ki ap soufri.
   pxuyxkeym

4. Ganyen ___ ___ ___ ___ ___ ___ malnitrisyon, oubyen tibèkiloz.
   pjxrcw

5. Ganyen lòt se akoz enpridans ki ___ ___ yo ale nan òtopedi oubyen chiriji apre yon grav aksidan.
   gj

6. Ganyen lòt se akoz enpridans ki fè yo ___ ___ ___ nan òtopedi oubyen chiriji apre yon grav aksidan.
   xmj

7. Fòk ou ___ ___ ___ · kè ak anpil kouraj.
   tjk

8. Gen moun k' ap ___ ___ ___ ___ ___ ___ tout jan.
   pcdgfy

9. Ganyen ki ___ ___ ___ ___ ___ akoz aksidan.
   rcdszj

10. Li pa fasil pou ___ ___ ___ ___ ___ ___ yon lopital.
    nywyaj

Kòd Sekrè:

a	b	c	d	e	f	g	h	i	j	k	l	m	n	o	p	q	r	s	t	u	v	w	x	y	z
x	q	s	u	j	g	t	z	y	h	r	m	o	k	c	e	v	f	p	a	d	n	b	i	l	w

Chwazi repons ou yo pami mo sa yo:

| wè | fè | vizite | gen | soufri |
| Ganyen | ale | se akoz | sa di anpil | kouche |

Mo Kwaze - Leson 12 - Nan Lopital - Vokabilè

Non: _____ Klas: _____ Dat: _____

Sèvi ak rezilta ou jwenn nan aktivite ak fraz yo pou konplete mo kwaze a.

An travè
1. Fòk ou gen kè ak anpil ___ ___ ___ ___ ___ ___.
2. Ganyen lòt se akoz enpridans ki fè yo ale nan òtopedi oubyen ___ ___ ___ ___ ___ ___ ___ apre yon grav aksidan.
6. Pafwa lè ou wè moun yo ou gen ___ ___ ___ ___ ___ ___.
7. Nan youn ou lòt ka, sa di anpil pou wè yon ___ ___ ___ ___ ___ ___ ___ ki ap soufri.

Anba
1. Ganyen se akoz ___ ___ ___ ___ ___ ___ ___ ___ ___ ___ ___, oubyen tibòkiloz.
2. Ganyen lòt se akoz ___ ___ ___ ___ ___ ___ ___ ___ ___ ki fè yo ale nan òtopedi oubyen chiriji apre yon grav aksidan.
3. Ganyen ki kouche akoz ___ ___ ___ ___ ___ ___ ___.
4. Ganyen se akoz malnitrisyon, oubyen ___ ___ ___ ___ ___ ___ ___ ___ ___.
5. Ganyen lòt se akoz enpridans ki fè yo ale nan ___ ___ ___ ___ ___ ___ ___ oubyen chiriji apre yon grav aksidan.
6. Li pa fasil pou vizite yon ___ ___ ___ ___ ___ ___ ___.
7. Gen ___ ___ ___ ___ k' ap soufri tout jan.

Chwazi repons ou yo pami mo sa yo:
malnitrisyon	lopital	lapenn	moun	chiriji
zantray	tibèkiloz	aksidan	enpridans	òtopedi
kouraj				

Mo Kle Enpòtan - Leson 12 - Nan Lopital - Vokabilè

Non: _____ Klas: _____ Dat: _____

òtopedi

enpridans

aksidan

zantray

lapenn

malnitrisyon

lopital

chiriji

moun

tibèkiloz

kouraj

Mo Mele - Leson 12 - Nan Lopital - Vokabilè

Non: _____ Klas: _____ Dat: _____

Chak fraz gen yon mo ki mele. Demele mo a.

1. Ganyen se akoz malnitrisyon, oubyen ___ ___ ___ ___ ___ ___ ___ ___ ___.
   ikètlzobi

2. Nan youn ou lòt ka, sa di anpil pou wè yon ___ ___ ___ ___ ___ ___ ___ ki ap soufri.
   nayaztr

3. Li pa fasil pou vizite yon ___ ___ ___ ___ ___ ___ ___.
   taloilp

4. Ganyen se akoz ___ ___ ___ ___ ___ ___ ___ ___ ___ ___ ___ ___, oubyen tibèkiloz.
   iymsiornntla

5. Ganyen lòt se akoz enpridans ki fè yo ale nan òtopedi oubyen ___ ___ ___ ___ ___ ___ apre yon grav aksidan.
   ichjiir

6. Ganyen lòt se akoz enpridans ki fè yo ale nan ___ ___ ___ ___ ___ ___ ___ oubyen chiriji apre yon grav aksidan.
   idteopò

7. Ganyen lòt se akoz ___ ___ ___ ___ ___ ___ ___ ___ ___ ki fè yo ale nan òtopedi oubyen chiriji apre yon grav aksidan.
   rpadninse

8. Gen ___ ___ ___ ___ k' ap soufri tout jan.
   nuom

9. Ganyen ki kouche akoz ___ ___ ___ ___ ___ ___ ___.
   nisaakd

10. Pafwa lè ou wè moun yo ou gen ___ ___ ___ ___ ___ ___.
    nnlpea

11. Fòk ou gen kè ak anpil ___ ___ ___ ___ ___ ___.
    oaurjk

Chwazi repons ou yo pami mo sa yo:

aksidan	lapenn	tibèkiloz	òtopedi	enpridans
kouraj	moun	malnitrisyon	chiriji	lopital
zantray				

Kòd Sekrè - Leson 12 - Nan Lopital - Vokabilè

Non: _____ Klas: _____ Dat: _____

Nan chak fraz dekode mo a.

1. Ganyen lòt se akoz enpridans ki fè yo ale nan òtopedi oubyen ___ ___ ___ ___ ___ ___ ___ apre yon grav aksidan.
   ijcrckc

2. Ganyen lòt se akoz ___ ___ ___ ___ ___ ___ ___ ___ ___ ki fè yo ale nan òtopedi oubyen chiriji apre yong grav aksidan.
   dvbrcmtvy

3. Nan youn ou lòt ka, sa di anpil pou wè yon ___ ___ ___ ___ ___ ___ ___ ki ap soufri.
   qtvsrtp

4. Gen ___ ___ ___ ___ k' ap soufri tout jan.
   lzev

5. Li pa fasil pou vizite yon ___ ___ ___ ___ ___ ___ ___.
   gzbcstg

6. Ganyen se akoz malnitrisyon, oubyen ___ ___ ___ ___ ___ ___ ___ ___.
   scoxcgzq

7. Fòk ou gen kè ak anpil ___ ___ ___ ___ ___ ___.
   xzertk

8. Ganyen ki kouche akoz ___ ___ ___ ___ ___ ___.
   Txycmt

9. Ganyen lòt se akoz enpridans ki fè yo ale nan ___ ___ ___ ___ ___ ___ oubyen chiriji apre yon grav aksidan.
   szbdmc

10. Ganyen se akoz ___ ___ ___ ___ ___ ___ ___ ___ ___ ___ ___ ___, oubyen tibèkiloz.
    ltgvcsrcypzv

11. Pafwa lè ou wè moun yo ou gen ___ ___ ___ ___ ___ ___.
    gtbdvv

Kòd Sekrè:

a	b	c	d	e	f	g	h	i	j	k	l	m	n	o	p	q	r	s	t	u	v	w	x	y	z
t	o	i	m	d	f	n	j	c	k	x	g	l	v	z	b	a	r	y	s	e	h	w	u	q	p

Chwazi repons ou yo pami mo sa yo:

lapenn   tibèkiloz   zantray   malnitrisyon   moun
òtopedi   lopital   enpridans   aksidan   kouraj
chiriji

Aktivite Leson 13
Mo Kwaze - Leson 13 - Yon Ti Tonèl - Vèb ak ekspresyon

Non: _____ Klas: _____ Dat: _____

Sèvi ak rezilta ou jwenn nan aktivite ak fraz yo pou konplete mo kwaze a.

An travè

1. Malgre sa, tonèl la pi bon pase anyen ditou. ___ ___ ___ ___ ___ ___ ___ ?

2. Li fèt ak pay kokoye ki ___ ___ ___ ___ ___ tribò babò.

3. Anpil fwa lè pa ___ ___ ___ bwa solid tankou chenn oubyen kajou, bòs yo sèvi ak gonmye.

4. Malerezman se kay solèy, ___ ___ ___ ___ kay lapli.

Anba

1. ___ ___ yon gwo travay pou fè yon tonèl.

2. ___ ___ ___ ___ ___ ___ ___ ___ , tonèl la pi bon pase anyen ditou. Se pa vre?

3. Li ___ ___ ___ ak pay kokoye ki trese tribò babò.

4. Se yon gwo travay pou ___ ___ yon tonèl.

5. Anpil fwa lè pa gen bwa solid tankou chenn oubyen kajou, bòs yo ___ ___ ___ ___ ___ ___ gonmye.

Chwazi repons ou yo pami mo sa yo:

Malgre sa	trese	fè	Se	gen	se pa
sèvi ak	Se pa vre	fèt			

	Mo Kle Enpòtan - Leson 13 - Yon Ti Tonèl - Vèb ak ekspresyon
	Non: _____ Klas: _____ Dat: _____

Ekri fraz ak mo sa yo.

Se pa vre _____

....

sèvi ak _____

....

trese _____

....

Malgre sa _____

....

se pa _____

....

fè _____

....

sèvi ak _____

....

fèt _____

....

Se _____

_____

Mo Mele - Leson 13 - Yon Ti Tonèl - Vèb ak ekspresyon
Non: _____ Klas: _____ Dat: _____

Chak fraz gen yon mo ki mele. Demele mo a.

1. Li fèt ak pay kokoye ki ___ ___ ___ ___ ___ tribò babò.
   rseet

2. Anpil fwa lè pa gen bwa solid tankou chenn oubyen kajou, bòs yo
   ___ ___ ___ ___ ___ ___ gonmye.
   aivksè

3. Malerezman se kay solèy, ___ ___ ___ ___ kay lapli.
   sape

4. ___ ___ ___ ___ ___ ___ ___ ___, tonèl la pi bon pase anyen ditou. Se pa vre?
   sgaeralM

5. Anpil fwa lè pa gen bwa solid tankou chenn oubyen kajou, bòs yo
   ___ ___ ___ ___ ___ ___ gonmye.
   siakvè

6. Malgre sa, tonèl la pi bon pase anyen ditou. ___ ___ ___ ___ ___ ___ ___?
   evSerpa

7. Se yon gwo travay pou ___ ___ yon tonèl.
   èf

8. ___ ___ yon gwo travay pou fè yon tonèl.
   eS

9. Li ___ ___ ___ ak pay kokoye ki trese tribò babò.
   ètf

<u>**Chwazi repons ou yo pami mo sa yo:**</u>

fè	Malgre sa	Se pa vre	sèvi ak	sèvi ak
tèt	se pa	trese	Se	

Kòd Sekrè - Leson 13 - Yon Ti Tonèl - Vèb ak ekspresyon

Non: _____ Klas: _____ Dat: _____

Nan chak fraz dekode mo a.

1. Anpil fwa lè pa gen bwa solid tankou chenn oubyen kajou, bòs yo
   ___ ___ ___ ___ ___ ___ gonmye.
   Usyqjv

2. Malgre sa, tonèl la pi bon pase anyen ditou. ___ ___ ___ ___ ___ ___ ___?
   usejycs

3. ___ ___ ___ ___ ___ ___ ___ ___, tonèl la pi bon pase anyen ditou. Se pa vre?
   ljakcsuj

4. Se yon gwo travay pou ___ ___ yon tonèl.
   hs

5. Li fèt ak pay kokoye ki ___ ___ ___ ___ ___ tribò babò.
   fcsus

6. ___ ___ yon gwo travay pou fè yon tonèl.
   us

7. Li ___ ___ ___ ak pay kokoye ki trese tribò babò.
   hsf

8. Malerezman se kay solèy, ___ ___ ___ ___ kay lapli.
   usej

9. Anpil fwa lè pa gen bwa solid tankou chenn oubyen kajou, bòs yo
   ___ ___ ___ ___ ___ ___ gonmye.
   usyqjv

Kòd Sekrè:

a	b	c	d	e	f	g	h	i	j	k	l	m	n	o	p	q	r	s	t	u	v	w	x	y	z
j	b	r	i	s	h	k	t	q	p	v	a	l	z	x	e	g	c	u	f	m	y	w	d	o	n

Chwazi repons ou yo pami mo sa yo:

| fè | sèvi ak | sèvi ak | Se | Se pa vre |
| fèt | Se pa | Malgre sa | trese | |

111

Mo Kwaze - Leson 13 - Yon Ti Tonèl - Vokabilè

Non: _____ Klas: _____ Dat: _____

Sèvi ak rezilta ou jwenn nan aktivite ak fraz yo pou konplete mo kwaze a.

An travè
1. ___ ___ ___ ___ ___ ___ ___ ___ ___ ___ se kay solèy, se pa kay lapli.

2. Anpil fwa lè pa gen bwa solid tankou chenn oubyen kajou, bòs yo sèvi ak ___ ___ ___ ___ ___ ___.

6. Anpil fwa lè pa gen bwa solid tankou chenn oubyen ___ ___ ___ ___ ___, bòs yo sèvi ak gonmye.

7. Li fèt ak pay kokoye ki trese ___ ___ ___ ___ ___ ___ ___ ___ ___.

8. Se yon gwo ___ ___ ___ ___ ___ ___ pou fè yon tonèl.

Anba
1. Anpil fwa lè pa gen bwa solid tankou ___ ___ ___ ___ ___ oubyen kajou, bòs yo sèvi ak gonmye.

2. Li fèt ak ___ ___ ___ kokoye ki trese tribò babò.

112

3. Malgre sa, tonèl la pi bon pase ___ ___ ___ ___ ___ ___ ___ ___ ___. Se pa vre?

4. Anpil fwa lè pa gen bwa ___ ___ ___ ___ ___ tankou chenn oubyen kajou, bòs yo sèvi ak gonmye.

5. Li fèt ak pay ___ ___ ___ ___ ___ ___ ki trese tribò babò.

6. Li fèt ak pay ___ ___ ___ ___ ___ ___ ki trese tribò babò.

7. Se yon gwo travay pou fè yon ___ ___ ___ ___ ___ .

8. ___ ___ ___ ___ ___ ___ ___ ___ lè pa gen bwa solid tankou chenn oubyen kajou, bòs yo sèvi ak gonmye.

<u>Chwazi repons ou yo pami mo sa yo:</u>

gonmye	solid	Malerezman	kokoye	kokoye
travay	pay	tribò babò	tonèl	kajou
anyen ditou	Anpil fwa	chenn		

Mo Kle Enpòtan - Leson 13 - Yon Ti Tonèl - Vokabilè

Non: _____ Klas: _____ Dat: _____

Ekri fraz ak mo sa yo.

gonmye

kokoye

kajou

tribò babò

kokoye

chenn

pay

Anpil fwa

travay

solid

....

_____

anyen ditou

....

_____

tonèl

....

_____

Malerezman

....

_____

chenn

....

_____

Mo Mele - Leson 13 - Yon Ti Tonèl - Vokabilè

Non: _____ Klas: _____ Dat: _____

Chak fraz gen yon mo ki mele. Demele mo a.

1. Anpil fwa lè pa gen bwa ___ ___ ___ ___ ___ tankou chenn oubyen kajou, bòs yo sèvi ak gonmye.
   sloid

2. Se yon gwo ___ ___ ___ ___ ___ ___ pou fè yon tonèl.
   rayavt

3. Li fèt ak ___ ___ ___ kokoye ki trese tribò babò.
   pya

4. Li fèt ak pay ___ ___ ___ ___ ___ ___ ki trese tribò babò.
   ookyek

5. Li fèt ak pay ___ ___ ___ ___ ___ ___ ki trese tribò babò.
   okyoke

6. Anpil fwa lè pa gen bwa solid tankou chenn oubyen kajou, bòs yo sèvi ak ___ ___ ___ ___ ___ ___ .
   megyon

7. ___ ___ ___ ___ ___ ___ ___ ___ ___ ___ se kay solèy, se pa kay lapli.
   emnzalraeM

8. Anpil fwa lè pa gen bwa solid tankou chenn oubyen ___ ___ ___ ___ ___, bòs yo sèvi ak gonmye.
   ujoak

9. Anpil fwa lè pa gen bwa solid tankou ___ ___ ___ ___ ___ oubyen kajou, bòs yo sèvi ak gonmye.
   cnneh

10. Li fèt ak pay kokoye ki trese ___ ___ ___ ___ ___ ___ ___.
    bbirbta

11. Malgre sa, tonèl la pi bon pase ___ ___ ___ ___ ___ ___ ___ ___ ___. Se pa vre?
    etadiyounn

12. Se yon gwo travay pou fè yon ___ ___ ___ ___ .
    Ntol

13. ___ ___ ___ ___ ___ ___ ___ ___ lè pa gen bwa solid tankou chenn oubyen kajou, bòs yo sèvi ak gonmye.
    pinwlaAf

Chwazi repons ou yo pami mo sa yo:

travay	kokoye	Malerezman	anyen ditou	chenn
gonmye	tribò babò	pay	kajou	solid
Anpil fwa	kokoye	tonèl		

116

Kòd Sekrè - Leson 13 - Yon Ti Tonèl - Vokabilè
Non: _____ Klas: _____ Dat: _____

Nan chak fraz dekode mo a.

1. Li fèt ak ___ ___ ___ kokoye ki trese tribò babò.
   dhn

2. Malgre sa, tonèl la pi bon pase ___ ___ ___ ___ ___ ___ ___ ___ ___ ___. Se pa vre?
   henaemlvqf

3. Se yon gwo travay pou fè yon ___ ___ ___ ___ ___.
   vqeac

4. Li fèt ak pay ___ ___ ___ ___ ___ ___ ki trese tribò babò.
   uquqna

5. Anpil fwa lè pa gen bwa solid tankou ___ ___ ___ ___ ___ oubyen kajou, bòs yo sèvi ak gonmye.
   wxaee

6. ___ ___ ___ ___ ___ ___ ___ ___ ___ se kay solèy, se pa kay lapli.
   rhcabaorhe

7. Li fèt ak pay ___ ___ ___ ___ ___ ___ ki trese tribò babò.
   uquqna

8. Anpil fwa lè pa gen bwa solid tankou chenn oubyen kajou, bòs yo sèvi ak ___ ___ ___ ___ ___ ___.
   kqerna

9. Anpil fwa lè pa gen bwa ___ ___ ___ ___ ___ tankou chenn oubyen kajou, bòs yo sèvi ak gonmye.
   tqclm

10. Li fèt ak pay kokoye ki trese ___ ___ ___ ___ ___ ___ ___.
    vblyyhy

11. Anpil fwa lè pa gen bwa solid tankou chenn oubyen ___ ___ ___ ___ ___, bòs yo sèvi ak gonmye.
    uhsqf

12. Se yon gwo ___ ___ ___ ___ ___ ___ pou fè yon tonèl.
    vbhghn

13. ___ ___ ___ ___ ___ ___ ___ ___ lè pa gen bwa solid tankou chenn oubyen kajou, bòs yo sèvi ak gonmye.
    hedlczjh

Kòd Sekrè:

a	b	c	d	e	f	g	h	i	j	k	l	m	n	o	p	q	r	s	t	u	v	w	x	y	z
h	y	w	m	a	z	k	x	l	s	u	c	r	e	q	d	i	b	t	v	f	g	j	p	n	o

Chwazi repons ou yo pami mo sa yo:

solid	kajou	tonèl	pay	tribò babò
gonmye	travay	kokoye	kokoye	chenn
anyen di tou	Anpil fwa	Malerezman		

Aktivite Leson 14
Mo Kwaze - Leson 14 - Bòs Fòmann - Vèb ak ekspresyon

Non: _____ Klas: _____ Dat: _____

Sèvi ak rezilta ou jwenn nan aktivite ak fraz yo pou konplete mo kwaze a.

An travè

4. Fòmann nan la pou sipèvize detay travay yo, pandan enjenyè a ap sipèvize ___ ___ ___ ___ ___ ___ ___ ___ ___ nan travay la.

5. Fòmann nan la pou ___ ___ ___ ___ ___ ___ ___ ___ detay travay yo.

6. Li ___ ___ ___ ___ ___ ___ yon bon fòmann.

Anba

1. Lè chantye ap ___ ___ ___ ___, enjenyè pa ka rete toutan sou plas.

2. Fòmann nan la pou sipèvize detay travay yo, pandan enjenyè a ap sipèvize pi gwo ___ ___ ___ ___ nan travay la.

3. Men tout travay; gwo oubyen piti, ___ ___ ___ nòmalman pase nan men ouvriye ki pi piti yo.

4. Men tout travay; gwo oubyen piti, dwe nòmalman ___ ___ ___ ___ nan men ouvriye ki pi piti yo.

5. Lè chantye ap bati, enjenyè pa ka ___ ___ ___ ___ toutan sou plas.

Chwazi repons ou yo pami mo sa yo:

pi gwo moso	sipèvize	bati	moso	bezwen
pase	rete	dwe		

Mo Kle Enpòtan - Leson 14 - Bòs Fòmann - Vèb ak ekspresyon

Non: _____ Klas: _____ Dat: _____

Ekri fraz ak mo sa yo.

pi gwo moso

sipèvize

pase

moso

rete

bati

dwe

bezwen

Mo Mele - Leson 14 - Bòs Fòmann - Vèb ak ekspresyon
Non: _____ Klas: _____ Dat: _____

Chak fraz gen yon mo ki mele. Demele mo a.

1. Fòmann nan la pou ___ ___ ___ ___ ___ ___ ___ ___ detay travay yo.
   eviiszpè

2. Lè chantye ap ___ ___ ___ ___, enjenyè pa ka rete toutan sou plas.
   atib

3. Lè chantye ap bati, enjenyè pa ka ___ ___ ___ ___ toutan sou plas.
   tere

4. Fòmann nan la pou sipèvize delay travay yo, pandan enjenyè a ap sipèvize pi gwo ___ ___ ___ ___ nan travay la.
   osmo

5. Fòmann nan la pou sipèvize detay travay yo, pandan enjenyè a ap sipèvize ___ ___ ___ ___ ___ ___ ___ ___ ___ nan travay la.
   omwsigpoo

6. Li ___ ___ ___ ___ ___ ___ yon bon fòmann.
   eebwnz

7. Men tout travay; gwo oubyen piti, dwe nòmalman ___ ___ ___ ___ nan men ouvriye ki pi piti yo.
   psae

8. Men tout travay; gwo oubyen piti, ___ ___ ___ nòmalman pase nan men ouvriye ki pi piti yo.
   edw

Chwazi repons ou yo pami mo sa yo:

bezwen	sipèvize	pi gwo moso	bati	rete
pase	dwe	moso		

Kòd Sekrè - Leson 14 - Bòs Fòmann - Vèb ak ekspresyon

Non: _____ Klas: _____ Dat: _____

Nan chak fraz dekode mo a.

1. Men tout travay; gwo oubyen piti, ___ ___ ___ nòmalman pase nan men ouvriye ki pi piti yo.
   luc

2. Fòmann nan la pou ___ ___ ___ ___ ___ ___ ___ detay travay yo.
   thbjhvc

3. Fòmann nan la pou sipèvize detay travay yo, pandan enjenyè a ap sipèvize ___ ___ ___ ___ ___ ___ ___ ___ nan travay la.
   bhzuyxyty

4. Fòmann nan la pou sipèvize detay travay yo, pandan enjenyè a ap sipèvize pi gwo ___ ___ ___ ___ nan travay la.
   xyty

5. Men tout travay; gwo oubyen piti, dwe nòmalman ___ ___ ___ ___ nan men ouvriye ki pi piti yo.
   bktc

6. Li ___ ___ ___ ___ ___ ___ yon bon fòmann.
   scvuco

7. Lè chantye ap bati, enjenyè pa ka ___ ___ ___ ___ toutan sou plas.
   ecgc

8. Lè chantye ap ___ ___ ___ ___ , enjenyè pa ka rete toutan sou plas.
   skgh

Kòd Sekrè:

a	b	c	d	e	f	g	h	i	j	k	l	m	n	o	p	q	r	s	t	u	v	w	x	y	z
k	s	m	l	c	q	z	w	h	r	d	n	x	o	y	b	f	e	t	g	a	j	u	p	i	v

Chwazi repons ou yo pami mo sa yo

bezwen   pi gwo moso   bati   dwe   pase
moso   rete   sipèvize

Mo Kwaze - Leson 14 - Bòs Fòmann - Vokabilè

Non: _____ Klas: _____ Dat: _____

Sèvi ak rezilta ou jwenn nan aktivite ak fraz yo pou konplete mo kwaze a.

An travè
1. Fòmann nan la pou sipèvizè detay travay yo, pandan ___ ___ ___ ___ ___ ___ ___ a ap sipèvize pi gwo moso nan travay la.

3. Lè chantye ap bati, enjenyè pa ka rete ___ ___ ___ ___ ___ ___ sou plas.

4. Men tout travay; gwo oubyen piti, dwe nòmalman pase nan men ___ ___ ___ ___ ___ ___ ___ ki pi piti yo.

5. Men tout travay; gwo ___ ___ ___ ___ ___ ___ piti, dwe nòmalman pase nan men ouvriye ki pi piti yo.

6. Lè ___ ___ ___ ___ ___ ___ ___ ap bati, enjenyè pa ka rete toutan sou plas.

7. Men tout travay; gwo oubyen piti, dwe ___ ___ ___ ___ ___ ___ ___ ___ pase nan men ouvriye ki pi piti yo.

Anba
1. Fòmann nan la pou sipèvize ___ ___ ___ ___ ___ travay yo.

2. Fòmann nan la pou sipèvize detay travay yo, pandan enjenyè a ap sipèvize pi gwo ___ ___ ___ ___ nan travay la.

3. Men tout ___ ___ ___ ___ ___ ___ ; gwo oubyen piti, dwe nòmalman pase nan men ouvriye ki pi piti yo.

4. Li bezwen yon bon ___ ___ ___ ___ ___ ___ .

Chwazi repons ou yo pami mo sa yo:

enjenyè	moso	fòmann	toutan	chantye
travay	detay	nòmalman	oubyen	ouvriye

Mo Kle Enpòtan - Leson 14 - Bòs Fòmann - Vokabilè
Non: _____ Klas: _____ Dat: _____

Ekri fraz ak mo sa yo.

fòmann

toutan

ouvriye

detay

moso

nòmalman

chantye

travay

oubyen

enjenyè

Mo Mele - Leson 14 - Bòs Fòmann - Vokabilè
Non: _____ Klas: _____ Dat: _____

Chak fraz gen yon mo ki mele. Demele mo a.

1. Men tout ___ ___ ___ ___ ___ ___; gwo oubyen piti, dwe nòmalman pase nan men ouvriye ki pi piti yo.
   vytara

2. Fòmann nan la pou sipèvizè ___ ___ ___ ___ ___ travay yo.
   atedy

3. Lè ___ ___ ___ ___ ___ ___ ___ ap bati, enjenyè pa ka rete toutan sou plas.
   hytaecn

4. Men tout travay; gwo oubyen piti, dwe ___ ___ ___ ___ ___ ___ ___ pase nan men ouvriye ki pi piti yo.
   maalnmnò

5. Fòmann nan la pou sipèvize detay travay yo, pandan enjenyè a ap sipèvize pi gwo ___ ___ ___ ___ nan travay la.
   oosm

6. Fòmann nan la pou sipèvizè detay travay yo, pandan ___ ___ ___ ___ ___ ___ a ap sipèvize pi gwo moso nan travay la.
   nneejyè

7. Li bezwen yon bon ___ ___ ___ ___ ___ ___ .
   ònmnaf

8. Men tout travay; gwo ___ ___ ___ ___ ___ ___ piti, dwe nòmalman pase nan men ouvriye ki pi piti yo.
   neboyu

9. Lè chantye ap bati, enjenyè pa ka rete ___ ___ ___ ___ ___ ___ sou plas.
   ntoaut

10. Men tout travay; gwo oubyen piti, dwe nòmalman pase nan men ___ ___ ___ ___ ___ ___ ___ ki pi piti yo.
    Reoiyvu

<u>**Chwazi repons ou yo pami mo sa yo:**</u>

travay	ouvriye	moso	oubyen	toutan
chantye	nòmalman	detay	enjenyè	fòmann

Kòd Sekrè - Leson 14 - Bòs Fòmann - Vokabilè

Non: _____ Klas: _____ Dat: _____

Nan chak fraz dekode mo a.

1. Fòmann nan la pou sipèvize detay travay yo, pandan enjenyè a ap sipèvize pi gwo ___ ___ ___ ___ nan travay la.
   ifso

2. Men tout travay; gwo ___ ___ ___ ___ ___ ___ piti, dwe nòmalman pase nan men ouvriye ki pi piti yo.
   faycou

3. Lè ___ ___ ___ ___ ___ ___ ___ ap bati, enjenyè pa ka rete toutan sou plas.
   qjxukco

4. Lè chantye ap bati, enjenyè pa ka rete ___ ___ ___ ___ ___ ___ sou plas.
   kfakxu

5. Fòmann nan la pou sipèvizè detay travay yo, pandan ___ ___ ___ ___ ___ ___ ___ a ap sipèvize pi gwo moso nan travay la.
   ounouco

6. Men tout ___ ___ ___ ___ ___ ___ ; gwo oubyen piti, dwe nòmalman pase nan men ouvriye ki pi piti yo.
   kwxsxc

7. Men tout travay; gwo oubyen piti, dwe nòmalman pase nan men ___ ___ ___ ___ ___ ___ ___ ki pi piti yo.
   faswmco

8. Fòmann nan la pou sipèvize ___ ___ ___ ___ ___ travay yo.
   dokxc

9. Li bezwen yon bon ___ ___ ___ ___ ___ ___ .
   rixuu

10. Men tout travay; gwo oubyen piti, dwe ___ ___ ___ ___ ___ ___ ___ pase nan men ouvriye ki pi piti yo.
    uixeixu

Kòd Sekrè:

a	b	c	d	e	f	g	h	i	j	k	l	m	n	o	p	q	r	s	t	u	v	w	x	y	z
x	y	q	d	o	r	h	j	m	n	g	e	i	u	f	t	z	w	v	k	a	s	p	b	c	l

Chwazi repons ou yo pami mo sa yo:

moso   detay   travay   enjenyè   fòmann   toutan
chantye   oubyen   ouvriye   nomalman

Aktivite Leson 15

Mo Kwaze - Leson 15 - Yon Travay Faktori - Vèb ak ekspresyon

Non: _____ Klas: _____ Dat: _____

Sèvi ak rezilta ou jwenn nan aktivite ak fraz yo pou konplete mo kwaze a.

An travè
1. Nan travay sila a nou ___ ___ boul bezbòl.
2. Yo ___ ___ ___ ___ bonè.
3. Anpil nan moun k'ap travay yo ___ ___ ___ ___ ___ ___ ___ ___ .
4. Yo pa byen ___ ___ ___ ___ ___ .
5. Si yo pa fè li, Tidyo ak Anita ___ ___ ___ ___ ___ ___ lekòl.
6. Yo di se swa yo viv oubyen yo ___ ___ ___ ___ .

Anba
1. Menm kan dwèt yo ap ___ ___ ___ ___ ___ ___ yo bije fè dyòb la.
2. Anverite, moun sa yo se moun k'ap ___ ___ ___ ___ ___ ak lamizè.
3. Manman malad li ka ___ ___ ___ ___ ___ ___ ___ ___ ___ .
4. Pafwa kout zegwi fin ___ ___ ___ ___ ___ ___ tout dwèt yo.
5. Yo di se swa yo ___ ___ ___ oubyen yo mouri.
6. M'ap ___ ___ ___ ___ ___ ___ nan faktori.

Chwazi repons ou yo pami mo sa yo:

pa pral	fè	leve	travay
nan bout di	goumen	devore	manje
mouri	senyen	mouri grangou	viv

Mo Kle Enpòtan - Leson 15 - Yon Travay Faktori - Vèb ak ekspresyon

Non: _____ Klas: _____ Dat: _____

Ekri fraz ak mo sa yo.

moun grangou

manje

travay

devore

moun

pa pral

goumen

fè

senyen

leve

nan bout di

viv

Kòd Sekrè - Leson 15 - Yon Travay Faktori - Vèb ak ekspresyon

Non: _____ Klas: _____ Dat: _____

Nan chak fraz dekode mo a.

1. M'ap ___ ___ ___ ___ ___ ___ nan faktori.
   fceoew

2. Pafwa kout zegwi fin ___ ___ ___ ___ ___ ___ tout dwèt yo.
   zvoycv

3. Yo di se swa yo viv oubyen yo ___ ___ ___ ___ ___.
   bynca

4. Si yo pa fè li, Tidyo ak Anita ___ ___ ___ ___ ___ ___ lekòl.
   lelcex

5. Anverite, moun sa yo se moun k'ap ___ ___ ___ ___ ___ ___ ak lamizè.
   uynbvt

6. Manman malad li ka ___ ___ ___ ___ ___ ___ ___ ___ ___ ___ ___.
   byncaucetuyn

7. Anpil nan moun k'ap travay yo ___ ___ ___ ___ ___ ___ ___ ___.
   tetqynfza

8. Yo pa byen ___ ___ ___ ___ ___.
   betsv

9. Nan travay sila a nou ___ ___boul bezbòl.
   mv

10. Yo ___ ___ ___ ___ bonè.
    xvov

11. Menm kan dwèt yo ap ___ ___ ___ ___ ___ ___ yo bije fè dyòb la.
    ivtwvt

12. Yo di se swa yo ___ ___ ___ oubyen yo mouri.
    oao

Kòd Sekrè:

a	b	c	d	e	f	g	h	i	j	k	l	m	n	o	p	q	r	s	t	u	v	w	x	y	z
e	q	h	z	v	m	u	p	a	s	j	x	b	t	y	l	d	c	i	f	n	o	g	r	w	k

Chwazi repons ou yo pami mo sa yo:

pa pral	goumen	nan bout di	senyen	leve
fè	devore	travay	viv	manje
mouri	mouri grangou			

Mo Kwaze - Leson 15 - Yon Travay Faktori - Vokabilè

Non: _____ Klas: _____ Dat: _____

Sèvi ak rezilta ou jwenn nan aktivite ak fraz yo pou konplete mo kwaze a.

An travè
1. M'ap travay nan ___ ___ ___ ___ ___ ___ ___.
2. Menm kan dwèt yo ap senyen yo bije fè ___ ___ ___ ___ la.
3. Anverite, moun sa yo se moun k'ap goumen ak ___ ___ ___ ___ ___ ___.
4. Yo di se swa yo viv ___ ___ ___ ___ ___ ___ yo mouri.
5. Si yo pa fè li, Tidyo ak Anita pa pral ___ ___ ___ ___ ___.

Anba
1. Pafwa kout ___ ___ ___ ___ ___ fin devore tout dwèt yo.
2. Manman ___ ___ ___ ___ ___ li ka mouri grangou.
3. Nan travay sila a nou fè boul ___ ___ ___ ___ ___ ___.
4. Anpil nan ___ ___ ___ ___ k'ap travay yo nan bout di.
5. Yo leve ___ ___ ___ ___.
6. Yo pa ___ ___ ___ ___ manje.

Chwazi repons ou yo pami mo sa yo:
byen   bezbòl   malad   dyòb   moun   oubyen   faktori   lekòl
lamizè   zegwi   bonè

Mo Kle Enpòtan - Leson 15 - Yon Travay Faktori - Vokabilè
Non: _____ Klas: _____ Dat: _____

Ekri fraz ak mo sa yo.

lamizè

lekòl

malad

faktori

moun

byen

zegwi

dyòb

oubyen

bonè

bezbòl

Mo Mele Enpòtan - Leson 15 - Yon Travay Faktori - Vokabilè

Non: _____ Klas: _____ Dat: _____

Chak fraz gen yon mo ki mele. Demele mo a.

1. Yo di se swa yo viv ___ ___ ___ ___ ___ ___ yo mouri.
   enobyu

2. Manman ___ ___ ___ ___ ___ li ka mouri grangou.
   lmdaa

3. Anpil nan ___ ___ ___ ___ k'ap travay yo nan bout di.
   nuom

4. Si yo pa fè li, Tidyo ak Anita pa pral ___ ___ ___ ___ ___.
   lkelò

5. Anverite, moun sa yo se moun k'ap goumen ak ___ ___ ___ ___ ___ ___.
   èamilz

6. Yo leve ___ ___ ___ ___ .
   nboè

7. Menm kan dwèt yo ap senyen yo bije fè ___ ___ ___ ___ la.
   bòdy

8. Pafwa kout ___ ___ ___ ___ ___ fin devore tout dwèt yo.
   egwiz

9. M'ap travay nan ___ ___ ___ ___ ___ ___ ___.
   afkitor

10. Yo pa ___ ___ ___ ___ manje.
    ybne

11. Nan travay sila a nou fè boul ___ ___ ___ ___ ___ ___.
    eòblzb

<u>Chwazi repons ou yo pami mo sa yo:</u>

lekòl	faktori	oubyen	byen	bezbòl
bonè	dyòb	moun	lamizè	malad
zegwi				

Kòd Sekrè - Leson 15 - Yon Travay Faktori - Vokabilè

Non: _____ Klas: _____ Dat: _____

Nan chak fraz dekode mo a.

1. Si yo pa fè li, Tidyo ak Anita pa pral ___ ___ ___ ___ ___.
   ychoy

2. Anverite, moun sa yo se moun k'ap goumen ak ___ ___ ___ ___ ___ ___.
   ytvgmc

3. M'ap travay nan ___ ___ ___ ___ ___ ___ ___.
   wthioag

4. Anpil nan ___ ___ ___ ___ k'ap travay yo nan bout di.
   vonz

5. Menm kan dwèt yo ap senyen yo bije fè ___ ___ ___ ___ la.
   kjoe

6. Yo di se swa yo viv ___ ___ ___ ___ ___ ___ yo mouri.
   onejcz

7. Pafwa kout ___ ___ ___ ___ ___ fin devore tout dwèt yo.
   mcfxg

8. Nan travay sila a nou fè boul ___ ___ ___ ___ ___ ___.
   ecmeoy

9. Yo leve ___ ___ ___ ___.
   eozc

10. Manman ___ ___ ___ ___ li ka mouri grangou.
    vtytk

11. Yo pa ___ ___ ___ ___ manje.
    ejcz

Kòd Sekrè:
a b c d e f g h i j k l m n o p q r s t u v w x y z
t e p k c w f q g d h y v z o s b a r i n u x l j m

Chwazi repons ou yo pami mo sa yo:

moun	malad	zegwi	bonè	byen	dyòb
oubyen	lamizè	bezbòl	lekòl	faktori	

Aktivite Leson 16
Mo Kwaze - Leson 16 - Yon Kous Moto - Vèb ak ekspresyon

Non: _____ Klas: _____ Dat: _____

Sèvi ak rezilta ou jwenn nan aktivite ak fraz yo pou konplete mo kwaze a.

An travè

5. De motosiklis yo pran wout la tankou de ___ ___ ___ ___ ___ ___ ___ ___ ___ ki pral nan gagè.

6. Ti frè mwen an ___ ___ ___ ___ ___ ___ sa anpil.

7. Lè moto pa li a ___ ___ ___ ___ ___ ___, li kontan anpil.

Anba

1. Li renmen wè lè yon moto ap ___ ___ ___ ___ ___ ___ yon lòt, lè motosiklis la panche prèt pou tonbe.

2. Anpil fwa li kite manje lakay li pou li pa ___ ___ ___ ___ anyen.

3. De motosiklis yo pran wout la tankou de kòk kalite ki ___ ___ ___ ___ nan gagè.

4. Pafwa li tèlman ___ ___ ___ ___ ___ ___ ___ ___ ___, li ba moun kèk kalòt san li pa konnen

5. Pafwa li tèlman fè mouvman, li ba moun kèk kalòt san li pa ___ ___ ___ ___ ___ ___.

6. De motosiklis yo ___ ___ ___ ___ wout la tankou de kòk kalite ki pral nan gagè.

Chwazi repons ou yo pami mo sa yo:

kòk kalite	pran	renmen	pral	fè mouvman
konnen	genyen	pèdi	double	

Mo Kle Enpòtan - Leson 16 - Yon Kous Moto - Vèb ak ekspresyon

Non: _____ Klas: _____ Dat: _____

Ekri fraz ak mo sa yo.

pral

double

fè mouvman

pran

pèdi

konnen

kòk kalite

renmen

genyen

Mo Mele - Leson 16 - Yon Kous Moto - Vèb ak ekspresyon

Non: _____ Klas: _____ Dat: _____

Chak fraz gen yon mo ki mele. Demele mo a.

1. Anpil fwa li kite manje lakay li pou li pa ___ ___ ___ ___ anyen.
   dpiè

2. Li renmen wè lè yon moto ap ___ ___ ___ ___ ___ ___ yon lòt, lè motosiklis la panche prèt pou tonbe.
   uoldeb

3. De motosiklis yo pran wout la tankou de kòk kalite ki ___ ___ ___ ___ nan gagè.
   ralp

4. De motosiklis yo ___ ___ ___ ___ wout la tankou de kòk kalite ki pral nan gagè.
   mpar

5. Lè moto pa li a ___ ___ ___ ___ ___ ___, li kontan anpil.
   eennyg

6. De motosiklis yo pran wout la tankou de ___ ___ ___ ___ ___ ___ ___ ___ ___ ki pral nan gagè.
   kektiklaò

7. Pafwa li tèlman ___ ___ ___ ___ ___ ___ ___ ___ ___, li ba moun kèk kalòt san li pa konnen.
   onèvmafmu

8. Ti frè mwen an ___ ___ ___ ___ ___ ___ sa anpil.
   reennm

9. Pafwa li tèlman fè mouvman, li ba moun kèk kalòt san li pa ___ ___ ___ ___ ___ ___.
   knnoen

Chwazi repons ou yo pami mo sa yo:

renmen	genyen	pral	pran	fè mouvman
pèdi	kòk kalite	konnen	double	

Kòd Sekrè - Leson 16 - Yon Kous Moto - Vèb ak ekspresyon

Non: _____ Klas: _____ Dat: _____

Nan chak fraz dekode mo a.

1. Anpil fwa li kite manje lakay li pou li pa ___ ___ ___ ___ anyen.
   sble

2. Li renmen wè lè yon moto ap ___ ___ ___ ___ ___ ___ yon lòt, lè motosiklis la panche prèt pou tonbe.
   logfmb

3. De motosiklis yo pran wout la tankou de ___ ___ ___ ___ ___ ___ ___ ___ ___ ki pral nan gagè.
   aoaapmekb

4. Ti frè mwen an ___ ___ ___ ___ ___ ___ sa anpil.
   hbvtbv

5. Pafwa li tèlman fè mouvman, li ba moun kèk kalòt san li pa ___ ___ ___ ___ ___ ___.
   aovvbv

6. De motosiklis yo ___ ___ ___ ___ wout la tankou de kòk kalite ki pral nan gagè.
   shpv

7. Lè moto pa li a ___ ___ ___ ___ ___ ___, li kontan anpil.
   nbvrbv

8. De motosiklis yo pran wout la tankou de kòk kalite ki ___ ___ ___ ___ nan gagè.
   shpm

9. Pafwa li tèlman ___ ___ ___ ___ ___ ___ ___ ___, li ba moun kèk kalòt san li pa konnen.
   jtogztpv

Kòd Sekrè:

a b c d e f g h i j k l m n o p q r s t u v w x y z
p f i l b j n u e q a m t v o s w h d k g z x y r c

Chwazi repons ou yo pami mo sa yo:

| pèdi | konnen | kòk kalite | double | pran |
| renmen | pral | genyen | fè mouvman | |

Mo Kwaze - Leson 16 - Yon Kous Moto - Vokabilè

Non: _____ Klas: _____ Dat: _____

Sèvi ak rezilta ou jwenn nan aktivite ak fraz yo pou konplete mo kwaze a.

An travè

1. De ___ ___ ___ ___ ___ ___ ___ ___ ___ yo pran wout la tankou de kòk kalite ki pral nan gagè.

2. Lè moto pa li a genyen, li ___ ___ ___ ___ ___ ___ anpil.

5. Pafwa li tèlman fè ___ ___ ___ ___ ___ ___ ___, li ba moun kèk kalòt san li pa konnen.

6. Ti ___ ___ ___ mwen an renmen sa anpil.

Anba

1. Pafwa li tèlman fè mouvman, li ba moun kèk ___ ___ ___ ___ ___ san li pa konnen.

2. De motosiklis yo pran wout la ___ ___ ___ ___ ___ ___ de kòk kalite ki pral nan gagè.

3. Li renmen wè lè yon ___ ___ ___ ___ ap double yon lòt, lè motosiklis la panche prèt pou tonbe.

4. De motosiklis yo pran wout la tankou de kòk kalite ki pral nan ___ ___ ___ ___ .

5. Anpil fwa li kite ___ ___ ___ ___ lakay li pou li pa pèdi anyen.

Chwazi repons ou yo pami mo sa yo:

manje	motosiklis	tankou	moto	gagè	kontan
frè	kalòt	mouvman			

Mo Kle Enpòtan - Leson 16 - Yon Kous Moto - Vokabilè

Non: _____ Klas: _____ Dat: _____

Ekri fraz ak mo sa yo.

kontan

frè

mouvman

moto

motosiklis

manje

gagè

kalòt

tankou

Mo Mele - Leson 16 - Yon Kous Moto - Vokabilè

Non: _____ Klas: _____ Dat: _____

Chak fraz gen yon mo ki mele. Demele mo a.

1. Li renmen wè lè yon ___ ___ ___ ___ ap double yon lòt, lè motosiklis la panche prèt pou tonbe.
   toom

2. Lè moto pa li a genyen, li ___ ___ ___ ___ ___ ___ anpil.
   onatkn

3. Ti ___ ___ ___ mwen an renmen sa anpil.
   èfr

4. Anpil fwa li kite ___ ___ ___ ___ ___ lakay li pou li pa pèdi anyen.
   mjnea

5. De motosiklis yo pran wout la tankou de kòk kalite ki pral nan ___ ___ ___ ___.
   aègg

6. Pafwa li tèlman fè mouvman, li ba moun kèk ___ ___ ___ ___ ___ san li pa konnen.
   ltakò

7. Pafwa li tèlman fè ___ ___ ___ ___ ___ ___ ___, li ba moun kèk kalòt san li pa konnen.
   nmouavm

8. De ___ ___ ___ ___ ___ ___ ___ ___ ___ ___ yo pran wout la tankou de kòk kalite ki pral nan gagè.
   istmioskol

9. De motosiklis yo pran wout la ___ ___ ___ ___ ___ ___ de kòk kalite ki pral nan gagè.
   untkoa

Chwazi repons ou yo pami mo sa yo:

| manje | motosiklis | frè | tankou | mouvman |
| kontan | moto | kalòt | gagè | |

Kòd Sekrè - Leson 16 - Yon Kous Moto - Vokabilè

Non: _____ Klas: _____ Dat: _____

Nan chak fraz dekode mo a.

1. Ti ___ ___ ___ mwen an renmen sa anpil.
   mjs

2. De motosiklis yo pran wout la ___ ___ ___ ___ ___ ___ de kòk kalite ki pral nan gagè.
   uczgtn

3. De ___ ___ ___ ___ ___ ___ ___ ___ ___ ___ yo pran wout la tankou de kòk kalite ki pral nan gagè.
   atutohgqho

4. De motosiklis yo pran wout la tankou de kòk kalite ki pral nan ___ ___ ___ ___.
   pcps

5. Anpil fwa li kite ___ ___ ___ ___ ___ lakay li pou li pa pèdi anyen.
   aczbs

6. Pafwa li tèlman fè ___ ___ ___ ___ ___ ___ ___, li ba moun kèk kalòt san li pa konnen.
   atneacz

7. Lè moto pa li a genyen, li ___ ___ ___ ___ ___ ___ anpil.
   gtzucz

8. Li renmen wè lè yon ___ ___ ___ ___ ap double yon lòt, lè motosiklis la panche prèt pou tonbe.
   atut

9. Pafwa li tèlman fè mouvman, li ba moun kèk ___ ___ ___ ___ ___ san li pa konnen.
   gcqtu

Kòd Sekrè:

a	b	c	d	e	f	g	h	i	j	k	l	m	n	o	p	q	r	s	t	u	v	w	x	y	z
c	l	x	k	s	m	p	y	h	b	g	q	a	z	t	i	w	j	o	u	n	e	r	f	d	v

Chwazi repons ou yo pami mo sa yo:

| manje | tankou | kalòt | gagè | frè | mouvman |
| moto | motosiklis | kontan | | | |

Aktivite Leson 17
Mo Kwaze - Leson 17 - Nan Makèt La - Vèb ak ekspresyon

Non: _____ Klas: _____ Dat: _____

Sèvi ak rezilta ou jwenn nan aktivite ak fraz yo pou konplete mo kwaze a.

An travè
1. Li gade adwat, li gade agoch, li ___ ___ ___ ___ ___ ___ bwat lèt yo.

3. Li mache anndan tout makèt la anvan li ___ ___ ___ ___ ___ .

4. Li ___ ___ ___ ___ ___ anndan tout makèt la anvan li achte.

5. Li ___ ___ ___ ___ ___ ___ ___ vyann yo.

6. Li renmen achte janbon ak montadèl pou ___ ___ sandwitch.

Anba
1. Li gade adwat, li ___ ___ ___ ___ agoch, li manyen bwat lèt yo.

2. Gran sè mwen an ___ ___ ___ ___ ___ ___ fè makèt.

3. Li renmen ___ ___ ___ ak Yabout, ti frè mwen an.

4. Li gade poul yo dèye vitrin, li ___ ___ ___ ___ ___ ___ sache diri ak mayi yo.

5. Poukisa? Paske li renmen achte, men li pa renmen ___ ___ ___ ___ .

Chwazi repons ou yo pami mo sa yo:
tcheke	mache	ale	renmen	enspekte	fe
achte	manyen	gade	pote		

143

Mo Kle Enpòtan - Leson 17 - Nan Makèt La - Vèb ak ekspresyon

Non: _____ Klas: _____ Dat: _____

Ekri fraz ak mo sa yo.

achte

mache

tcheke

fè

ale

manyen

gade

pote

renmen

enspekte

Mo Mele - Leson 17 - Nan Makèt La - Vèb ak ekspresyon

Non: _____ Klas: _____ Dat: _____

Chak fraz gen yon mo ki mele. Demele mo a.

1. Li ___ ___ ___ ___ ___ ___ ___ ___ vyann yo.
   ekpntese

2. Li renmen ___ ___ ___ ak Yabout, ti frè mwen an.
   ela

3. Li ___ ___ ___ ___ ___ anndan tout makèt la anvan li achte.
   amehc

4. Gran sè mwen an ___ ___ ___ ___ ___ ___ fè makèt.
   nrmnee

5. Li mache anndan tout makèt la anvan li ___ ___ ___ ___ ___.
   tehca

6. Li renmen achte janbon ak montadèl pou ___ ___ sandwitch.
   èf

7. Li gade adwat, li gade agoch, li ___ ___ ___ ___ ___ ___ bwat lèt yo.
   anemyn

8. Poukisa? Paske li renmen achte, men li pa renmen ___ ___ ___ ___.
   epto

9. Li gade adwat, li ___ ___ ___ ___ agoch, li manyen bwat lèt yo.
   edag

10. Li gade poul yo dèye vitrin, li ___ ___ ___ ___ ___ ___ sache diri ak mayi yo.
    tkeceh

Chwazi repons ou yo pami mo sa yo:

pote	manyen	gade	tcheke	enspekte
renmen	achte	fè	ale	mache

Kòd Sekrè - Leson 17 - Nan Makèt La - Vèb ak ekspresyon

Non: _____ Klas: _____ Dat: _____

Nan chak fraz dekode mo a.

1. Li gade adwat, li gade agoch, li ___ ___ ___ ___ ___ ___ bwat lèt yo.
   ntedbe

2. Li ___ ___ ___ ___ ___ ___ ___ ___ vyann yo.
   bekgblub

3. Poukisa? Paske li renmen achte, men li pa renmen ___ ___ ___ ___.
   gfub

4. Li ___ ___ ___ ___ ___ anndan tout makèt la anvan li achte.
   ntoqb

5. Li renmen achte janbon ak montadèl pou ___ ___ sandwitch.
   vb

6. Li gade adwat, li ___ ___ ___ ___ agoch, li manyen bwat lèt yo.
   strb

7. Li renmen ___ ___ ___ ak Yabout, ti frè mwen an.
   tcb

8. Gran sè mwen an ___ ___ ___ ___ ___ ___ fè makèt.
   wbenbe

9. Li mache anndan tout makèt la anvan li ___ ___ ___ ___ ___.
   toqub

10. Li gade poul yo dèye vitrin, li ___ ___ ___ ___ ___ ___ sache diri ak mayi yo.
    uoqblb

Kòd Sekrè:
```
↑a  b  c  d  e  f  g  h  i  j  k  l  m  n  o  p  q  r  s  t  u  v  w  x  y  z↑
↑t  a  o  r  b  v  s  q  m  x  l  c  n  e  f  g  j  w  k  u  h  y  z  i  d  p↑
```

Chwazi repons ou yo pami mo sa yo:
mache	gade	pote	manyen	tcheke	renmen
ale	fè	enspekte	achte		

Mo Kwaze - Leson 17 - Nan Makèt La - Vokabilè

Non: _____ Klas: _____ Dat: _____

Sèvi ak rezilta ou jwenn nan aktivite ak fraz yo pou konplete mo kwaze a.

An travè
1. Li gade poul yo dèyè vitrin, li tcheke sache diri ak ___ ___ ___ ___ yo.

2. Li mache ___ ___ ___ ___ ___ ___ tout makèt la anvan li achte

3. Li renmen achte ___ ___ ___ ___ ___ ___ ak montadèl pou fè sandwich.

4. Li gade poul yo dèyè vitrin, li tcheke sache ___ ___ ___ ___ ak mayi yo.

5. Poukisa? ___ ___ ___ ___ ___ li renmen achte, men li pa renmen pote

7. Li gade adwat, li gade agoch, li ___ ___ ___ ___ ___ ___ bwat lèt yo.

8. Li gade ___ ___ ___ ___ ___, li gade agoch, li manyen bwat lèt yo.

9. Li renmen ale ak Yabout, ti ___ ___ ___ mwen an.

147

Anba

1. Li mache anndan tout makèt la ___ ___ ___ ___ ___ li achte.

2. Li enspekte ___ ___ ___ ___ ___ yo.

3. Li renmen achte janbon ak ___ ___ ___ ___ ___ ___ ___ ___ pou fè sandwitch.

4. Li gade adwat, li gade ___ ___ ___ ___ , li manyen bwat lèt yo.

5. Li gade poul yo dèyè ___ ___ ___ ___ ___ ___ , li tcheke sache diri ak mayi yo.

6. Li renmen achte janbon ak montadèl pou fè ___ ___ ___ ___ ___ ___ ___ ___ ___.

7. Gran sè mwen an renmen fè ___ ___ ___ ___ ___.

Chwazi repons ou yo pami mo sa yo:

agoch	montadèl	sandwitch	makèt	adwat
frè	diri	vyann	anndan	manyen
vitrin	Paske	janbon	mayi	anvan

Mo Kle Enpòtan - Leson 17 - Nan Makèt La - Vokabilè

Non: _____ Klas: _____ Dat: _____

Ekri fraz ak mo sa yo.

janbon

anndan

sandwitch

Paske

mayi

diri

vitrin

anvan

manyen

vyann

agoch

montadèl

makèt

adwat

frè

Mo Mele - Leson 17 - Nan Makèt La - Vokabilè

Non: _____ Klas: _____ Dat: _____

Chak fraz gen yon mo ki mele. Demele mo a.

1. Li enspekte ___ ___ ___ ___ ___ yo.
   ynanv

2. Li renmen ale ak Yabout, ti ___ ___ ___ mwen an.
   rfè

3. Li gade poul yo dèyè ___ ___ ___ ___ ___ ___, li tcheke sache diri ak mayi yo.
   nvriit

4. Li renmen achte janbon ak montadèl pou fè ___ ___ ___ ___ ___ ___ ___ ___ ___.
   watdhicsn

5. Li mache ___ ___ ___ ___ ___ ___ tout makèt la anvan li achte.
   nnanda

6. Li renmen achte ___ ___ ___ ___ ___ ___ ak montadèl pou fè sandwitch.
   abnojn

7. Li gade adwat, li gade agoch, li ___ ___ ___ ___ ___ ___ bwat lèt yo.
   aynmne

8. Li gade ___ ___ ___ ___ ___, li gade agoch, li manyen bwat lèt yo.
   wdata

9. Li gade poul yo dèyè vitrin, li tcheke sache ___ ___ ___ ___ ak mayi yo.
   iidr

10. Li gade poul yo dèyè vitrin, li tcheke sache diri ak ___ ___ ___ ___ yo.
    mayi

11. Li gade adwat, li gade ___ ___ ___ ___ ___, li manyen bwat lèt yo.
    acogh

12. Li renmen achte janbon ak ___ ___ ___ ___ ___ ___ ___ ___ pou fè sandwitch.
    aolmtndè

13. Li mache anndan tout makèt la ___ ___ ___ ___ ___ li achte.
    vnana

14. Poukisa? ___ ___ ___ ___ ___ li renmen achte, men li pa renmen pote.
    keaPs

15. Gran sè mwen an renmen fè ___ ___ ___ ___ ___.
    maktè

<u>Chwazi repons ou yo pami mo sa yo:</u>

adwat	mayi	vyann	anvan	Paske
agoch	sandwitch	makèt	vitrin	manyen
montadèl	diri	janbon	anndan	frè

Kòd Sekrè - Leson 17 - Nan Makèt La - Vokabilè

Non: _____ Klas: _____ Dat: _____

Nan chak fraz dekode mo a.

1. Li gade poul yo dèyè ___ ___ ___ ___ ___ ___, li tcheke sache diri ak mayi yo.
   pbvrbu

2. Gran sè mwen an renmen fè ___ ___ ___ ___ ___.
   hakdv

3. Li enspekte ___ ___ ___ ___ ___ yo.
   ptauu

4. Li gade poul yo dèyè vitrin, li tcheke sache ___ ___ ___ ___ ak mayi yo.
   fbrb

5. Li mache anndan tout makèt la ___ ___ ___ ___ ___ li achte.
   aupau

6. Li renmen ale ak Yabout, ti ___ ___ ___ mwen an.
   jrd

7. Li gade adwat, li gade ___ ___ ___ ___ ___, li manyen bwat lèt yo.
   ayxmn

8. Li renmen achte ___ ___ ___ ___ ___ ___ ak montadèl pou fè sandwitch.
   sauixu

9. Li gade poul yo dèyè vitrin, li tcheke sache diri ak ___ ___ ___ ___ yo.
   hatb

10. Poukisa? ___ ___ ___ ___ ___ li renmen achte, men li pa renmen pote.
    gazkd

11. Li gade ___ ___ ___ ___ ___, li gade agoch, li manyen bwat lèt yo.
    afwav

12. Li gade adwat, li gade agoch, li ___ ___ ___ ___ ___ ___ bwat lèt yo.
    hautdu

13. Li mache ___ ___ ___ ___ ___ ___ tout makèt la anvan li achte.
    auufau

14. Li renmen achte janbon ak ___ ___ ___ ___ ___ ___ ___ ___ pou fè sandwitch.
    hxuvafdo

15. Li renmen achte janbon ak montadèl pou fè ___ ___ ___ ___ ___ ___ ___ ___ ___.
    zaufwbvmn

Kòd Sekrè:

a	b	c	d	e	f	g	h	i	j	k	l	m	n	o	p	q	r	s	t	u	v	w	x	y	z
a	i	m	f	d	j	y	n	b	s	k	o	h	u	x	g	q	r	z	v	e	p	w	l	t	c

Chwazi repons ou yo pami mo sa yo:

manyen	anvan	adwat	montadèl	anndan
makèt	agoch	diri	vitrin	frè
Paske	janbon	vyann	mayi	sandwitch

Aktivite Leson 18
Mo Kwaze - Leson 18 - Monte Bisiklèt - Vèb ak ekspresyon

Non: _____ Klas: _____ Dat: _____

Sèvi ak rezilta ou jwenn nan aktivite ak fraz yo pou konplete mo kwaze a.

An travè
1. Men kounyeya Tijan ___ ___ gwo drayvè.

2. Apre sa se te ___ ___ ___ ___ ___ bekàn nan san pèsonn pa kenbe li.

3. Anvan Tijan te konn ___ ___ ___ ___ ___ bisiklèt, li pase anpil mizè.

4. Tijan ___ ___ ___ ___ anpil so.

5. Anvan sa li pa te janm ___ ___ ___ ___ ___ li te ka kouri yon bagay de wou san li pa tonbe.

6. Apre sa se te kouri bekàn nan san pèsonn pa ___ ___ ___ ___ ___ li.

Anba
1. Men li pa te ___ ___ ___ ___ ___ ___ ___ ___ ___ .

2. Li ___ ___ ___ ___ ___ ___ sa, se sa ki fè li pa te dekouraje.

3. Sa ki te pi difisil pou li nan yon premye tan, se te ___ ___ ___ ___ pye li sou pedal.

4. Anvan sa li pa te janm panse li te ka kouri yon bagay de wou san li pa ___ ___ ___ ___ ___ .

Chwazi repons ou yo pami mo sa yo:
kite	monte	se	kenbe	dekouraje
renmen	pran	tonbe	kouri	panse

153

Rechèch Mo - Leson 18 - Monte Bisiklèt - Vèb ak ekspresyon

Non: _____ Klas: _____ Dat: _____

Eseye jwenn mo ki kache yo.

```
Q R V Q P M Z F H M F O C C Y A T
M Q B D N O R P X G P G O P W T D
V K M H Z N T K P A N R O O M D H
V D G A F T G P V K E D P S V W K
O P V C Y E D C M I P E T X Q D S
T Q D Q F F G W J G K U Z F D W P
P O A P C N N H T H H F F N M L S
D A N A H U J B M H A Z G A Y Y L
K V G B D V L E V M O H I V Z T I
T G R B E P P R A N K N Q S Q E B
C K C L K T A E A N O C O B O T M
N U O N O I W N X T U N B L Q E N
K W Y U U G T M S M S Z W N W L I
N E E M R H S E Y E N A U C O F F
C O N X A I A N P R S G B I Z H M
A X G B J H Y K R P K G W V T V R
Y F J Y E P Z I D G K H A E U I D
```

<u>**Chwazi pami mo sa yo:**</u>

monte	panse	kouri	dekouraje	pran
renmen	se	tonbe	kite	kenbe

Mo Kle Enpòtan - Leson 18 - Monte Bisiklèt - Vèb ak ekspresyon

Non: _____ Klas: _____ Dat: _____

Ekri fraz ak mo sa yo.

tonbe

monte

kenbe

kouri

kite

panse

pran

dekouraje

renmen

se

Mo Mele - Leson 18 - Monte Bisiklèt - Vèb ak ekspresyon

Non: _____ Klas: _____ Dat: _____

Chak fraz gen yon mo ki mele. Demele mo a.

1. Men li pa te ___ ___ ___ ___ ___ ___ ___ ___ ___.
   dkrujeoea

2. Men kounyeya Tijan ___ ___ gwo drayvè.
   es

3. Anvan sa li pa te janm ___ ___ ___ ___ ___ li te ka kouri yon bagay de wou san li pa tonbe.
   spnea

4. Tijan ___ ___ ___ ___ anpil so.
   rapn

5. Apre sa se te kouri bekàn nan san pèsonn pa ___ ___ ___ ___ ___ li.
   bnkee

6. Anvan Tijan te konn ___ ___ ___ ___ ___ bisiklèt, li pase anpil mizè.
   meotn

7. Apre sa se te ___ ___ ___ ___ ___ bekàn nan san pèsonn pa kenbe li.
   uoirk

8. Sa ki te pi difisil pou li nan yon premye tan se te ___ ___ ___ ___ pye li sou pedal.
   keti

9. Li ___ ___ ___ ___ ___ sa, se sa ki fè li pa te dekouraje.
   enmenr

10. Anvan sa li pa te janm panse li te ka kouri yon bagay de wou san li pa ___ ___ ___ ___ ___.
    onteb

Chwazi repons ou yo pami mo sa yo:

| kite | dekouraje | panse | se | pran | renmen |
| monte | tonbe | kouri | kenbe | | |

Kòd Sekrè - Leson 18 - Monte Bisiklèt - Vèb ak ekspresyon

Non: _____ Klas: _____ Dat: _____

Nan chak fraz dekode mo a.

1. Apre sa se te ___ ___ ___ ___ ___ bekàn nan san pèsonn pa kenbe li.
   djxwg

2. Anvan Tijan te konn ___ ___ ___ ___ ___ bisiklèt, li pase anpil mizè.
   njkiv

3. Sa ki te pi difisil pou li nan yon premye tan, se te ___ ___ ___ ___ pye li sou pedal.
   dgiv

4. Men li pa te ___ ___ ___ ___ ___ ___ ___ ___ .
   evdjxwtfv

5. Li ___ ___ ___ ___ ___ ___ sa, se sa ki fè li pa te dekouraje.
   wvknvk

6. Apre sa se te kouri bekàn nan san pèsonn pa ___ ___ ___ ___ ___ li.
   dvkqv

7. Anvan sa li pa te janm panse li te ka kouri yon bagay de wou san li pa ___ ___ ___ ___ .
   ijkqv

8. Tijan ___ ___ ___ ___ anpil so.
   awtk

9. Anvan sa li pa te janm ___ ___ ___ ___ ___ li te ka kouri yon bagay de wou san li pa tonbe.
   atkmv

10. Men kounyeya Tijan ___ ___ gwo drayvè.
    mv

Kòd Sekrè:

a	b	c	d	e	f	g	h	i	j	k	l	m	n	o	p	q	r	s	t	u	v	w	x	y	z
t	q	p	e	v	r	h	s	g	f	d	z	n	k	j	a	c	w	m	i	x	o	l	b	y	u

Chwazi repons ou yo pami mo sa yo:

| dekouraje | tonbe | monte | kite | panse |
| pran | kenbe | se | kouri | renmen |

Mo Kwaze - Leson 18 - Monte Bisiklèt - Vokabilè

Non: _____ Klas: _____ Dat: _____

Sèvi ak rezilta ou jwenn nan aktivite ak fraz yo pou konplete mo kwaze a.

An travè
1. Sa ki te pi ___ ___ ___ ___ ___ ___ ___ pou li nan yon premye tan, se te kite pye li sou pedal.
2. Apre sa se te kouri ___ ___ ___ ___ ___ nan san pèsonn pa kenbe li.
3. Men ___ ___ ___ ___ ___ ___ ___ ___ Tijan se gwo drayvè.
4. Apre sa se te kouri bekàn nan san ___ ___ ___ ___ ___ ___ pa kenbe li.
5. Anvan Tijan te konn monte ___ ___ ___ ___ ___ ___ ___ ___, li pase anpil mizè.

Anba
1. Li renmen sa, se sa ki fè li pa te ___ ___ ___ ___ ___ ___ ___ ___ ___ .
2. Anvan sa li pa te janm panse li te ka kouri yon bagay de ___ ___ ___ san li pa tonbe.
3. Tijan pran ___ ___ ___ ___ ___ so.
4. ___ ___ ___ li pa te dekouraje.
5. Anvan sa li pa te janm panse li te ka kouri yon ___ ___ ___ ___ ___ de wou san li pa tonbe.
6. Ou kapab monte ___ ___ ___ !

Chwazi repons ou yo pami mo sa yo:
Men	bekan	bisiklèt	anpil	difisil	bagay
dekouraje	tou		kounyeya	pèsonn	wou

Rechèch Mo - Leson 18 - Monte Bisiklèt - Vokabilè

Non: _____ Klas: _____ Dat: _____

Eseye jwenn mo ki kache yo.

```
K V M B E A Q S L E B N I A A G N I Z
J Y H Q W N T C J U J E N V L K P I M
A L Q D E K O U R A J E R R Y A Y K Y
P D L I J T U O L Y N K K O Y X Q U C
E E T F N X Y J Y E I P B W U M S W T
S X H I E T F F I I B K I M J L F B D
O D F S M N Q A M V E T S L E D C V O
N E Z I Z H H J U T K J I E Z N I E M
N P I L I C M H S R A M K Y N M Z N C
L P I E S M M V K K N X L J B L N N T
D E X K B D W J K R W G E R J R S N A
S L R J S A N O O O W Z T N N R P E O
L K F Y R Z G X U C D P D Y E X M E W
C B I U L F C A N N J W Q C V V N Q J
G D T E U O Z B Y X D U E O Y L C U T
I I J T W P J Y E W N O Q S V D C V O
D R H Y A Y W S Y S L W L A E H S S Z
F Y A P N K J E A J Z A L T B H F E A
I T F J C Y U G U A M M U A O M Q O F
```

Chwazi pami mo sa yo:

pèsonn	dekouraje	tou	wou	anpil
kounyeya	difisil	Men	bagay	bekàn
bisiklèt				

159

Mo Kle Enpòtan - Leson 18 - Monte Bisiklèt - Vokabilè

Non: _____ Klas: _____ Dat: _____

Ekri fraz ak mo sa yo.

bisiklèt

tou

wou

dekouraje

Men

bagay

kounyeya

anpil

bekàn

difisil

pèsonn

Mo Mele - Leson 18 - Monte Bisiklèt - Vokabilè

Non: _____ Klas: _____ Dat: _____

Chak fraz gen yon mo ki mele. Demele mo a.

1. Apre sa se te kouri ___ ___ ___ ___ ___ nan san pèsonn pa kenbe li.
   eknbà

2. Apre sa se te kouri bekàn nan san ___ ___ ___ ___ ___ ___ pa kenbe li.
   opnnsè

3. Anvan Tijan te konn monte ___ ___ ___ ___ ___ ___ ___ ___, li pase anpil mizè.
   bstkliiè

4. Men ___ ___ ___ ___ ___ ___ ___ ___ Tijan se gwo drayvè.
   nkeoyayu

5. Anvan sa li pa te janm panse li te ka kouri yon bagay de ___ ___ ___ san li pa tonbe.
   wuo

6. ___ ___ ___ li pa te dekouraje.
   Mne

7. Sa ki te pi ___ ___ ___ ___ ___ ___ ___ pou li nan yon premye tan, se te kite pye li sou pedal.
   sfilidi

8. Anvan sa li pa te janm panse li te ka kouri yon ___ ___ ___ ___ ___ de wou san li pa tonbe.
   agbay

9. Ou kapab monte ___ ___ ___!
   otu

10. Li renmen sa, se sa ki fè li pa te ___ ___ ___ ___ ___ ___ ___ ___ ___.
    reaekojud

11. Tijan pran ___ ___ ___ ___ ___ so.
    nilpa

Chwazi repons ou yo pami mo sa yo:

dekouraje	bekàn	bisiklèt	tou	anpil	bagay
Men	difisil	pèsonn	wou	kounyeya	

Kòd Sekrè - Leson 18 - Monte Bisiklèt - Vokabilè

Non: _____ Klas: _____ Dat: _____

Nan chak fraz dekode mo a.

1. Anvan Tijan te konn monte ___ ___ ___ ___ ___ ___ ___ ___, li pase anpil mizè.
   nvhvsrd

2. ___ ___ ___ li pa te dekouraje.
   brm

3. Anvan sa li pa te janm panse li te ka kouri yon bagay de ___ ___ ___ san li pa tonbe.
   olu

4. Apre sa se te kouri bekàn nan san ___ ___ ___ ___ ___ ___ pa kenbe li.
   jrhlmm

5. Tijan pran ___ ___ ___ ___ ___ so.
   xmjve

6. Apre sa se te kouri ___ ___ ___ ___ ___ nan san pèsonn pa kenbe li.
   nrsxm

7. Sa ki te pi ___ ___ ___ ___ ___ ___ pou li nan yon premye tan, se te kite pye li sou pedal.
   zvwvhve

8. Li renmen sa, se sa ki fè li pa te ___ ___ ___ ___ ___ ___ ___ ___ ___ .
   zrsluqxar

9. Anvan sa li pa te janm panse li te ka kouri yon ___ ___ ___ ___ ___ de wou san li pa tonbe.
   nxixk

10. Ou kapab monte ___ ___ ___!
    dlu

11. Men ___ ___ ___ ___ ___ ___ ___ ___ Tijan se gwo drayvè.
    slumkrkx

Kòd Sekrè:

a	b	c	d	e	f	g	h	i	j	k	l	m	n	o	p	q	r	s	t	u	v	w	x	y	z
x	n	t	z	r	w	i	f	v	a	s	e	b	m	l	j	g	q	h	d	u	p	o	c	k	y

Chwazi repons ou yo pami mo sa yo:

tou	bisiklèt	Men	bekàn	difisil
kounyeya	pèsonn	wou	dekouraje	bagay
anpil				

162

Aktivite Leson 19
Mo Kwaze - Leson 19 - Nan Mache - Vèb ak ekspresyon

Non: _____ Klas: _____ Dat: _____

Sèvi ak rezilta ou jwenn nan aktivite ak fraz yo pou konplete mo kwaze a.

An travè

1. Men, nan mache a __ __ __ anpil lòt bagay; gen viv, tankou bannann, patat, yanm.

2. Yo tout __ __ __ __ __ __ , yo tout ap vann.

3. Pratik yo oubyen achtè gen anpil pou yo __ __ __ __ __.

4. Fwi, tankou mango, zaboka, zoranj, kenèp, siwèl, sapoti, ... yo tout byen bèl, yo tout byen fre, byen __ __ __ __ __ __ __ __.

5. Machann ki soti nan tout bouk yo __ __ __ __ __ __ __ __ ansanm.

6. Men, nan mache a __ __ __ anpil lòt bagay; gen viv, tankou bannann, patat, yanm.

Anba

1. Se yon plas ki ___ ___ ___ ___ anpil chalè nan kè.

2. Nou renmen mache, se li ki te grandi paran nou yo, se li ki ___ ___ ___ ___ ___ ___ nou tou.

3. Fwi, tankou mango, zaboka, zoranj, Kenèp, siwèl, sapoti, ... yo tout byen bèl, ___ ___ ___ ___ ___ ___ ___ ___ ___ ___, byen santi bon.

4. Fwi, tankou mango, zaboka, zoranj, kenèp, siwèl, sapoti, ... ___ ___ ___ ___ ___ ___ ___ ___ ___ ___ ___, yo tout byen fre, byen santi bon.

5. Nou ___ ___ ___ ___ ___ ___ mache, se li ki te grandi paran nou yo, se li ki grandi nou tou.

6. Genyen ki vin sou bèt, anpil ___ ___ ___ ___ apye tou.

Chwazi repons ou yo pami mo sa yo:

gen	gen	grandi	mete
santi bon	yo tout byen fre	reyini	yo tout byen bèl
vini	rasanble	renmen	achte

Mo Kle Enpòtan - Leson 19 - Nan Mache - Vèb ak ekspresyon
Non: _____ Klas: _____ Dat: _____

Ekri fraz ak mo sa yo.

yo tout byen bèl _____

grandi _____

vini _____

achte _____

santi bon _____

gen _____

rasanble _____

reyini _____

mete _____

renmen _____

yo tout byen fre _____

gen _____

Mo Mele - Leson 19 - Nan Mache - Vèb ak ekspresyon

Non: _____ Klas: _____ Dat: _____

Chak fraz gen yon mo ki mele. Demele mo a.

1. Fwi, tankou mango, zaboka, zoranj, kenèp, siwèl, sapoti, ...
___ ___ ___ ___ ___ ___ ___ ___ ___ ___ ___ ___, yo tout byen fre, byen santi bon.
ootutblybneyè

2. Se yon plas ki ___ ___ ___ ___ anpil chalè nan kè.
mtee

3. Men, nan mache a ___ ___ ___ anpil lòt bagay; gen viv, tankou bannann, patat, yanm.
gne

4. Fwi, tankou mango, zaboka, zoranj, kenèp, siwèl, sapoti, ... yo tout byen bèl, yo tout byen fre, byen ___ ___ ___ ___ ___ ___ ___ ___.
onstainb

5. Fwi, tankou mango, zaboka, zoranj, kenèp, siwèl, sapoti, ... yo tout byen bèl, ___ ___ ___ ___ ___ ___ ___ ___ ___ ___ ___ ___, byen santi bon.
tburfyoneyeto

6. Nou ___ ___ ___ ___ ___ ___ mache, se li ki te grandi paran nou yo, se li ki grandi nou tou.
mnener

7. Genyen ki vin sou bèt, anpil ___ ___ ___ ___ apye tou.
nvii

8. Men, nan mache a ___ ___ ___ anpil lòt bagay; gen viv, tankou bannann, patat, yanm.
nge

9. Machann ki soti nan tout bouk yo ___ ___ ___ ___ ___ ___ ___ ___ ansanm.
anelbras

10. Yo tout ___ ___ ___ ___ ___ ___ ,yo tout ap vann.
ienyir

11. Nou renmen mache, se li ki te grandi paran nou yo, se li ki ___ ___ ___ ___ ___ ___ nou tou.
ngraid

12. Pratik yo oubyen achtè gen anpil pou yo ___ ___ ___ ___ ___.
hatce

Chwazi repons ou yo pami mo sa yo:

gen	vini	yo tout byen fre	achte
yo tout byen bèl	renmen	santi bon	grandi
reyini	rasanble	mete	gen

Kòd Sekrè - Leson 19 - Nan Mache - Vèb ak ekspresyon

Non: _____ Klas: _____ Dat: _____

Nan chak fraz dekode mo a.

1. Fwi, tankou mango, zaboka, zoranj, kenèp, siwèl, sapoti, ...
   ___ ___ ___ ___ ___ ___ ___ ___ ___ ___ ___ ___ ___, yo tout byen fre, byen santi bon.
   wvhvchfwelfej

2. Nou renmen mache, se li ki te grandi paran nou yo, se li ki ___ ___ ___ ___ ___ ___ nou tou.
   yrdlsu

3. Pratik yo oubyen achtè gen anpil pou yo ___ ___ ___ ___ ___.
   dgihe

4. Fwi, tankou mango, zaboka, zoranj, kenèp, siwèl, sapoti, ... yo tout byen bèl, yo tout byen fre, byen ___ ___ ___ ___ ___ ___ ___ ___.
   xdlhufvl

5. Genyen ki vin sou bèt, anpil ___ ___ ___ ___ apye tou.
   tulu

6. Se yon plas ki ___ ___ ___ ___ anpil chalè nan kè.
   kehe

7. Men, nan mache a ___ ___ ___ anpil lòt bagay; gen viv, tankou bannann, patat, yanm.
   yel

8. Nou ___ ___ ___ ___ ___ ___ mache, se li ki te grandi paran nou yo, se li ki grandi nou tou.
   relkel

9. Fwi, tankou mango, zaboka, zoranj, kenèp, siwèl, sapoti, ... yo tout byen bèl,
   ___ ___ ___ ___ ___ ___ ___ ___ ___ ___ ___ ___ ___, byen santi bon.
   wvhvchfwelore

10. Yo tout ___ ___ ___ ___ ___ ___ ,yo tout ap vann.
    rewulu

11. Machann ki soti nan tout bouk yo ___ ___ ___ ___ ___ ___ ___ ansanm.
    rdxdHje

12. Men, nan mache a ___ ___ ___ anpil lòt bagay; gen viv, tankou bannann, patat, yanm.
    yel

Kòd Sekrè:

a	b	c	d	e	f	g	h	i	j	k	l	m	n	o	p	q	r	s	t	u	v	w	x	y	z
d	f	g	s	e	o	y	i	u	z	m	j	k	l	v	b	a	r	x	h	c	t	p	q	w	n

Chwazi repons ou yo pami mo sa yo:

yo tout byen bèl	gen	grandi	yo	gen
achte	santi bon	rasanble	mete	tout
byen fre	reyini	renmen	vini	

Mo Kwaze - Leson 19 - Nan Mache - Vokabilè

Non: _____ Klas: _____ Dat: _____

Sèvi ak rezilta ou jwenn nan aktivite ak fraz yo pou konplete mo kwaze a.

An travè

2. ___ ___ ___ ___ ___ ___ yo oubyen achtè gen anpil pou yo achte.

3. Men, nan mache a gen anpil lòt bagay; gen viv, tankou ___ ___ ___ ___ ___ ___ ___, patat, yanm.

7. Genyen ki vin ___ ___ ___ ___ ___ ___ , anpil vini apye tou.

8. Se yon plas ki mete anpil ___ ___ ___ ___ ___ nan kè.

9. Gen sereyal, tankou mayi, diri, ___ ___ ___ ___ ___ ___, ble ekt... gen machann vyann, gen machann legim tou.

10. ___ ___ ___ ___ ___ ___ reyini, yo tout ap vann.

11 Gen sereyal, tankou mayi, diri, pitimi, ble ekt... gen machann vyann, gen machann ___ ___ ___ ___ ___ tou.

12. Men, nan mache a gen anpil lòt bagay; gen viv, tankou bannann, patat,___ ___ ___ ___.

Anba

1. Gen sereyal, tankou mayi, diri, pitimi, ble ekt... gen machann ___ ___ ___ ___ ___, gen machann legim tou.

2. Nou renmen mache, se li ki te grandi ___ ___ ___ ___ ___ nou yo, se li ki grandi nou tou.

3. Nou renmen ___ ___ ___ ___ ___, se li ki te grandi paran nou yo, se li ki grandi nou tou.

4. Fwi, tankou mango, ___ ___ ___ ___ ___ ___, zoranj, kenèp, siwèl, sapoti, ... yo tout byen bèl, yo tout byen fre, byen santi bon.

5. Gen ___ ___ ___ ___ ___ ___ ___, tankou mayi, diri, pitimi, ble ekt... gen machann vyann, genmachann legim tou.

6. Fwi, tankou ___ ___ ___ ___ ___, zaboka, zoranj, kenèp, siwèl, sapoti, ... yo tout byen bèl, yo tout byen fre, byen santi bon.

7. Fwi, tankou mango, zaboka, zoranj, kenèp, siwèl, ___ ___ ___ ___ ___ ___ , ... yo tout byen bèl, yo tout byen fre, byen santi bon.

8. ___ ___ ___ ___ ___ ___ ___ ki soti nan tout bouk yo rasanble ansanm.

Chwazi repons ou yo pami mo sa yo :

paran	vyann	mache	Pratik	sereyal
mango	zaboka	pitimi	Yo tout	Machann
bannann	sapoti	yanm	legim	chalè
sou bèt				

Rechèch Mo - Leson 19 - Nan Mache - Vokabilè

Non: _____ Klas: _____ Dat: _____

Eseye jwenn mo ki kache yo.

```
S T O A Z A B O K A Q J Z W Q U P M K F D J
B A X R Y W C E J A P E N Z S I G S U Z W H
I A P C F V A J T Z E Q C P O H H E Z F C B
M N V O G R C Q D Z X Y J K U B T G M D P Q
Q L M Y T C H A L E W W S I B W Z L D E G J
S Y U J P I T I M I H U O L E T H N S L S L
T N K L U G C D Y T T U Y X T A S B P Z K W
Q C C P T I Y Z R K N J X V N F A O P V D G
O W L O J N W P Q R U Q W B H V I B Z K V R
X D L G S I U J P N I S E X P D Q T J Z Y B
V S W E L H V S N O T M H G K M I H C E X R
F F A I Y E P E F F K N E N U D V E A A G W
X Z I G B O M R M Y L K X Q W Y E B T F X P
Q W P W O J O E A O E E G Z N I U I D B P X
F B N Y X S U Y C T G I D S D O D Y E Y K C
L A A E E K F A H O I U W B R I D D J H K F
H M I N N T Y L A U M K F T A M A H V M J G
V Y A N N M Q A N T T B A X C V Z A W I Y J
L D G A P A R A N M D O H B N I P F J G K K
E S L T G C N S V M A N G O D Z Y S J S P F
R T X F J H H N A H O R L T Z Z K Y T O Y P
M O I B K E D U S N Z W N F L E T U J T Q R
```

Chwazi pami mo sa yo:

sou bèt	bannann	chalè	Pratik	vyann
yanm	Machann	Yo tout	pitimi	mache
sapoti	zaboka	sereyal	legim	paran
mango				

Mo Kle Enpòtan - Leson 19 - Nan Mache - Vokabilè
Non: _____ Klas: _____ Dat: _____

Ekri fraz ak mo sa yo.

Machann

mache

legim

sou bèt

chalè

yanm

mango

paran

sereyal

zaboka

bannann

pitimi

Yo tout

Pratik

sapoti

vyann

Mo Mele - Leson 19 - Nan Mache - Vokabilè

Non: _____ Klas: _____ Dat: _____

Chak fraz gen yon mo ki mele. Demele mo a.

1. ___ ___ ___ ___ ___ ___ ___ ki soti nan tout bouk yo rasanble ansanm.
   nMhcnaa

2. Nou renmen ___ ___ ___ ___ ___, se li ki te grandi paran nou yo, se li ki grandi nou tou.
   amhce

3. Se yon plas ki mete anpil ___ ___ ___ ___ ___ nan kè.
   haècl

4. Fwi, tankou mango, zaboka, zoranj, kenèp, siwèl, ___ ___ ___ ___ ___ ___ , ... yo tout byen bèl, yo tout byen fre, byen santi bon.
   tspiao

5. Men, nan mache a gen anpil lòt bagay; gen viv, tankou bannann, patat, ___ ___ ___ ___.
   myan

6. ___ ___ ___ ___ ___ ___ reyini, yo tout ap vann.
   otouYt

7. Gen ___ ___ ___ ___ ___ ___ ___ , tankou mayi, diri, pitimi, ble ekt... gen machann vyann, gen machann legim tau.
   ersylea

8. Gen sereyal, tankou mayi, diri, ___ ___ ___ ___ ___ ___, ble ekt. .. gen machann vyann, gen machann legim tou.
   tpiimi

9. Fwi, tankou mango, ___ ___ ___ ___ ___ ___ , zoranj, kenèp, siwèl, sapoti, ... yo tout byen bèl, yo tout byen fre, byen santi bon.
   okazab

10. Men, nan mache a gen anpil lòt bagay; gen viv, tankou ___ ___ ___ ___ ___ ___ ___ , patat, yanm.
    bnaannn

11. Nau renmen mache, se li ki te grandi ___ ___ ___ ___ ___ nou yo, se li ki grandi nou tau.
    anrpa

12. Gen sereyal, tankou mayi, diri, pitimi, ble ekt ... gen machann vyann, gen machann ___ ___ ___ ___ ___ tou.
    mileg

13. ___ ___ ___ ___ ___ ___ yo oubyen achtè gen anpil pou yo achte.
    rkiatP

14. Genyen ki vin ___ ___ ___ ___ ___ ___, anpil vini apye tou.
    tèbsou

15. Fwi, tankou ___ ___ ___ ___ ___, zaboka, zoranj, kenèp, siwèl, sapoti, ... yo tout byen bèl, yo tout byen fre, byen santi bon.
    gmoan

16. Gen sereyal, tankou mayi, diri, pitimi, ble ekt... gen machann ___ ___ ___ ___ ___, gen machann legim tou.
    avnny

Chwazi repons ou yo pami mo sa yo :

vyann	chalè	mango	Pratik	sapoti
Yo tout	zaboka	pitimi	legim	sereyal
mache	bannann	yanm	paran	Machann
sou bèt				

Kòd Sekrè - Leson 19 - Nan Mache - Vokabilè

Non: _____ Klas: _____ Dat: _____

Nan chak fraz dekode mo a.

1. ___ ___ ___ ___ ___ ___ ___ ki soti nan tout bouk yo rasanble ansanm.
   uayfaoo

2. Men, nan mache a gen anpil lòt bagay; gen viv, tankou ___ ___ ___ ___ ___ ___ ___, patat, yanm.
   haooaoo

3. ___ ___ ___ ___ ___ ___ yo oubyen achtè gen anpil pou yo achte.
   jgaitl

4. Gen sereyal, tankou mayi, diri, pitimi, ble ekt. .. gen machann ___ ___ ___ ___ ___ ,
   gen machann legim tou.
   skaoo

5. Gen sereyal, tankou mayi, diri, pitimi, ble ekt. .. gen machann vyann, gen machann ___ ___ ___ ___ ___ tou.
   zmvtu

6. Se yon plas ki mete anpil ___ ___ ___ ___ ___ nan kè.
   yfazm

7. Gen sereyal, tankou mayi, diri, ___ ___ ___ ___ ___ ___ , ble ekt... gen machann vyann, gen machann legim tou.
   jtitut

8. Genyen ki vin ___ ___ ___ ___ ___ ___ ,anpil vini apye tou.
   wrqhmi

9. Gen ___ ___ ___ ___ ___ ___ ___ , tankou mayi, diri, pitimi, ble ekt... gen machann vyann, gen machann legim tau.
   wmgmkaz

10. Fwi, tankou mango, zaboka, zoranj, kenèp, siwèl, ___ ___ ___ ___ ___ ___ , ... yo tout byen bèl, yo tout byen fre, byen santi bon.
    wajrit

11. Fwi, tankou ___ ___ ___ ___ ___ , zaboka, zoranj, kenèp, siwèl, sapoti, ... yo tout byen bèl, yo tout byen fre, byen santi bon.
uaovr

12. Nou renmen mache, se li ki te grandi ___ ___ ___ ___ ___ nou yo, se li ki grandi nou tou.
jagao

13. Fwi, tankou mango, ___ ___ ___ ___ ___ ___ , zoranj, kenèp, siwèl, sapoti, ... yo tout byen bèl, yo tout byenf re, byen santi bon.
xahrla

14. Men, nan mache a gen anpli lòt bagay; gen viv, tankou bannann, patat, ___ ___ ___ ___.
kaou

15. ___ ___ ___ ___ ___ ___ reyini, yo tout ap vann.
krirqi

16. Nou renmen ___ ___ ___ ___, se li ki te grandi paran nou yo, se li ki grandi nou tou.
uayfm

Kòd Sekrè:

a	b	c	d	e	f	g	h	i	j	k	l	m	n	o	p	q	r	s	t	u	v	w	x	y	z
a	h	y	n	m	d	v	f	t	l	b	z	u	o	r	j	p	g	w	i	q	s	e	c	k	x

Chwazi repons ou yo pami mo sa yo :

Yo tout	zaboka	bannann	Pratik	sapoti
paran	legim	mango	mache	vyann
yanm	chalè	Machann	pitimi	sereyal
sou bèt				

Aktivite Leson 20
Mo Kwaze - Leson 20 - Pran Taptap - Vèb ak ekspresyon

Non: _____ Klas: _____ Dat: _____

Sèvi ak rezilta ou jwenn nan aktivite ak fraz yo pou konplete mo kwaze a.

An travè
1. Pafwa tou moun yo chita ___ ___ ___ ___ ___ ___ ___ ___ ___.
2. Nan peyi D Ayiti, pran taptap se yon gwo ___ ___ ___ ___ ___ ___ ___ ___.
3. Lè trajè a long, lè wout la pa bon, anpil moun ___ ___ ___ ___ ___ lòt san yo pa konnen.
4. ___ ___ ___ ___ yon kwen! tout moun gonfle la, men yon taptap rive!

Anba
1. Anpil fwa pa gen plas; kèk moun bije ___ ___ ___ ___ ___ ___ kò yo nan yon ti kwen.
2. Lè trajè a long, lè wout la pa bon, anpil moun frape lòt san yo pa ___ ___ ___ ___ ___ ___.
3. Èske moun sa yo egoyis oubyen y' ap ___ ___ ___ ___ ___ ___ pou yo ka viv?
4. ___ ___ ___ yon lavi!
5. Anpil fwa pa gen plas; kèk moun ___ ___ ___ ___ kwense kò yo nan yon ti kwen.
6. Pafwa tou moun yo ___ ___ ___ ___ ___ youn sou lòt.
7. Anpil moun pral ___ ___ ___ ___ lòt soti pou yo antre.
8. Nan peyi D Ayiti, ___ ___ ___ ___ taptap se yon gwo lèt chaje.

Chwazi repons ou yo pami mo sa yo :
pran	goumen	konnen	Ala	bije
kwense	tèt chaje	chita	rate	Gade
youn sou lòt	frape			

Mo Kle Enpòtan - Leson 20 - Pran Taptap - Vèb ak ekspresyon

Non: _____ Klas: _____ Dat: _____

Ekri fraz ak mo sa yo.

tèt chaje

frape

bije

kwense

goumen

Ala

Gade

rale

chita

konnen

youn sou lòt

pran

Mo Mele - Leson 20 - Pran Taptap - Vèb ak ekspresyon

Non: _____ Klas: _____ Dat: _____

Chak fraz gen yon mo ki mele. Demele mo a.

1. Pafwa tou moun yo ___ ___ ___ ___ ___ youn sou lòt.
   htcia

2. Anpil moun pral ___ ___ ___ ___ lòt soti pou yo antre.
   lare

3. Nan peyi D Ayiti, ___ ___ ___ ___ taptap se yon gwo tèt chaje.
   narp

4. ___ ___ ___ yon lavi!
   lAa

5. Nan peyi D Ayiti, pran taptap se yon gwo ___ ___ ___ ___ ___ ___ ___ ___.
   ajhtectè

6. Anpil fwa pa gen plas; kèk moun ___ ___ ___ ___ kwense kò yo nan yon ti kwen.
   eijb

7. Èske moun sa yo egoyis oubyen y' ap ___ ___ ___ ___ ___ ___ pou yo ka viv?
   mungoe

8. Lè trajè a long, lè wout la pa bon, anpil moun ___ ___ ___ ___ ___ lòt san yo pa konnen.
   rfpea

9. Pafwa tou moun yo chita ___ ___ ___ ___ ___ ___ ___ ___ ___.
   uoounytlsò

10. ___ ___ ___ ___ yon kwen! Tout moun gonfle la, men yon taptap rive!
    Gdae

11. Anpil fwa pa gen plas; kèk moun bije ___ ___ ___ ___ ___ ___ kò yo nan yon ti kwen.
    neskwe

12. Lè trajè a long, lè wout la pa bon, anpil moun frape lòt san yo pa ___ ___ ___ ___ ___ ___.
    nkoenn

<u>Chwazi repons ou yo pami mo sa yo:</u>

tèt chaje	pran	bije	Ala	kwense
rale	goumen	Gade	frape	chita
konnen	youn sou lòt			

179

Kòd Sekrè - Leson 20 - Pran Taptap - Vèb ak ekspresyon

Non: _____ Klas: _____ Dat: _____

Nan chak fraz dekode mo a.

1. Lè trajè a long, lè wout la pa bon, anpil moun __ __ __ __ __ lòt san yo pa konnen.
   psuqc

2. Nan peyi D Ayiti, pran taptap se yon gwo ___ ___ ___ ___ ___ ___ ___ ___.
   lclbwukc

3. Anpil fwa pa gen plas; kèk moun ___ ___ ___ ___ kwense kò yo nan yon ti kwen.
   ifkc

4. Nan peyi D Ayiti, ___ ___ ___ ___ taptap se yon gwo tèt chaje.
   qsua

5. Lè trajè a long, lè wout la pa bon, anpil moun frape lòt san yo pa __ __ __ __ __ __.
   dmaaca

6. ___ ___ ___ ___ yon kwen! Tout moun gonfle la, men yon taptap rive!
   outc

7. Pafwa tou moun yo ___ ___ ___ ___ ___ youn sou lòt.
   bwflu

8. Anpil moun pral ___ ___ ___ ___ lòt soti pou yo antre.
   sure

9. Anpil fwa pa gen plas; kèk moun bije __ __ ___ ___ ___ ___ kò yo nan yon ti kwen.
   dgcajc

10. Pafwa tou moun yo chita ___ ___ ___ ___ ___ ___ ___ ___ ___ ___.
    zmxajmxrml

11. Èske moun sa yo egoyis oubyen y' ap ___ ___ ___ ___ ___ ___ pou yo ka viv?
    omxeca

12. ___ ___ ___ yon lavi!
    Uru

Kòd Sekrè:

a	b	c	d	e	f	g	h	i	j	k	l	m	n	o	p	q	r	s	t	u	v	w	x	y	z
u	i	b	t	c	p	o	w	f	k	d	r	e	a	m	q	y	s	j	l	x	n	g	h	z	v

Chwazi repons ou yo pami mo sa yo:

rale	konnen	chita	goumen	tèt chaje
pran	frape	bije	Ala	kwense
Gade	youn sou lòt			

Mo Kwaze - Leson 20 - Pran Taptap - Vokabilè

Non: _____ Klas: _____ Dat: _____

Sèvi ak rezilta ou jwenn nan aktivite ak fraz yo pou konplete mo kwaze a.

An travè

1. Anpil ___ ___ ___ ___ pral rale lòt soti pou yo antre.

2. Anpil fwa pa gen ___ ___ ___ ___ ; kèk moun bije kwense kò yo nan yon ti kwen.

3. Nan peyi D Ayiti, pran ___ ___ ___ ___ ___ ___ se yon gwo tèt chaje.

4. Èske moun sa yo ___ ___ ___ ___ ___ ___ oubyen y' ap goumen pou yo ka viv?

5. ___ ___ ___ ___ ___ tou moun yo chita youn sou lòt.

6. Gade yon ___ ___ ___ ___! Tout moun gonfle la, men yon taptap rive!

Anba

1. Lè trajè a long, lè ___ ___ ___ ___ la pa bon, anpil moun frape lòt san yo pa konnen.

2. Ala yon ___ ___ ___ ___ !

3. Lè ___ ___ ___ ___ ___ a long, lè wout la pa bon, anpil moun frape lòt san yo pa konnen.

4. Nan ___ ___ ___ ___ D Ayiti, pran taptap se yon gwo tèt chaje.

Chwazi repons ou yo pami mo sa yo :

plas   egoyis   lavi   traje   moun   kwen   Pafwa   wout
taptap   peyi

181

Mo Kle Enpòtan - Leson 20 - Pran Taptap - Vokabilè
Non: _____ Klas: _____ Dat: _____

Ekri fraz ak mo sa yo.

peyi

lavi

trajè

plas

Pafwa

wout

egoyis

taptap

moun

kwen

Mo Mele - Leson 20 - Pran Taptap - Vokabilè

Non: _____ Klas: _____ Dat: _____

Chak fraz gen yon mo ki mele. Demele mo a.

1. Anpil fwa pa gen ___ ___ ___ ___; kèk moun bije kwense kò yo nan yon ti kwen.
   lpsa

2. Lè trajè a long, lè ___ ___ ___ ___ la pa bon, anpil moun frape lòt san yo pa konnen.
   tuwo

3. Èske moun sa yo ___ ___ ___ ___ ___ ___ oubyen y' ap goumen pou yo ka viv?
   ioesyg

4. Ala yon ___ ___ ___ ___!
   iavl

5. Gade yon ___ ___ ___ ___! Tout moun gonfle la, men yon taptap rive!
   enwk

6. ___ ___ ___ ___ ___ tou moun yo chita youn sou lòt.
   wfaPa

7. Lè ___ ___ ___ ___ ___ a long, lè wout la pa bon, anpil moun frape lòt san yo pa konnen.
   èjrta

8. Nan ___ ___ ___ ___ D Ayiti, pran taptap se yon gwo tèt chaje.
   ypei

9. Anpil ___ ___ ___ ___ pral rale lòt soti pou yo antre.
   omun

10. Nan peyi D Ayiti, pran ___ ___ ___ ___ ___ ___ se yon gwo tèt chaje.
    taatpp

Chwazi repons ou yo pami mo sa yo :

trajè	Pafwa	plas	peyi	moun	wout	egoyis
kwen	lavi	taptap				

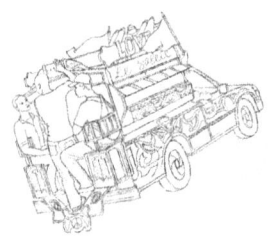 

Kòd Sekrè - Leson 20 - Pran Taptap - Vokabilè

Non: _____ Klas: _____ Dat: _____

Nan chak fraz dekode mo a.

1. Nan ___ ___ ___ ___ D Ayiti, pran taptap se yon gwo tèt chaje.
   evol

2. Nan peyi D Ayiti, pran ___ ___ ___ ___ ___ ___ se yon gwo tèt chaje.
   xiexie

3. Lè trajè a long, lè ___ ___ ___ ___ la pa bon, anpil moun frape lòt san yo pa konnen.
   wqyx

4. Gade yon ___ ___ ___ ___! Tout moun gonfle la, men yon taptap rive!
   rwvg

5. Anpil ___ ___ ___ ___ pral rale lòt soti pou yo antre.
   jqyg

6. ___ ___ ___ ___ ___ tou moun yo chita youn sou lòt.
   eizwi

7. Ala yon ___ ___ ___ ___!
   dipl

8. Lè ___ ___ ___ ___ ___ a long, lè wout la pa bon, anpil moun frape lòt san yo pa konnen.
   xtiuv

9. Èske moun sa yo ___ ___ ___ ___ ___ ___ oubyen y' ap goumen pou yo ka viv?
   vsqolb

10. Anpil fwa pa gen ___ ___ ___ ___; kèk moun bije kwense kò yo nan yon ti kwen.
    edib

Kòd Sekrè:

a	b	c	d	e	f	g	h	i	j	k	l	m	n	o	p	q	r	s	t	u	v	w	x	y	z
i	c	a	n	v	z	s	h	l	u	r	d	j	g	q	e	m	t	b	x	y	p	w	k	o	f

Chwazi repons ou yo pami mo sa yo :

| moun | peyi | taptap | lavi | kwen | Pafwa |
| wout | egoyis | trajè | plas | | |

Aktivite Leson 21

Mo Kwaze - Leson 21 - Ale Nan Lanmè - Vèb ak ekspresyon

Non: _____ Klas: _____ Dat: _____

Sèvi ak rezilta ou jwenn nan aktivite ak fraz yo pou konplete mo kwaze a.

An travè

2. Moun yo benyen, yo ___ ___ ___ ___ ___ sou sab lanmè; se bèl bagay.

3. Malerezman demen dimanch, fòk tout moun ___ ___ ___ ___ ___ ___ ___ ___ ___ ___ yo.

4. Lè yo ___ ___ ___ ___ te gen tan gen yon bon valè moun.

7. Depi vandredi swa machin nan deja ___ ___ ___ ___ ___ ___ .

8. Menm jan ak tout vwazen li yo; Pòl bezwen ___ ___ ___ ___ ___ kò li nan yon ti dlo lanmè

9. Lè yo rive te gen tan gen ___ ___ ___ ___ ___ ___ ___ ___ ___ moun.

10. Menm jan ak tout vwazen li yo; Pòl bezwen ___ ___ ___ ___ ___ ___ kò li nan yon ti dlo lanmè.

Anba

1. Menm jan ak tout vwazen li yo; Pòl ___ ___ ___ ___ ___ ___ tranpe kò li nan yon ti dlo lanmè.

2. Ti moun ki ___ ___ ___ ___ ___ sou chanm, granmoun ki ap naje, ti chaloup ki ap bay kalinda sou dlo.

3. Pòl ak madanm ni ___ ___ ___ ___ ___ ___ ale nan plaj.

4. Ti moun ki monte sou chanm, granmoun ki ap ___ ___ ___ ___ , ti chaloup ki ap bay kalinda sou dlo.

5. Depi vandredi swa machin nan deja ___ ___ ___ ___ ___ __.

6. Ti moun ki monte sou chanm, granmoun ki ap naje, ti chaloup ki ap ___ ___ ___ ___ ___ ___ ___ ___ ___ ___ sou dlo.

7. Pòl ak madanm ni deside ___ ___ ___ nan plaj.

8. Lè yo rive ___ ___ ___ ___ ___ ___ ___ ___ ___ ___ ___ yon bon valè moun.

9. Samdi kou li jou yo ___ ___ ___ ___ wout lanmè pou yo.

10. Moun yo ___ ___ ___ ___ ___ ___, yo mache sou sab lanmè; se bèl bagay.

11. Semèn nan pral ___ ___ ___ ___.

Chwazi repons ou yo pami mo sa yo:

bezwen	benyen	tranpe	yon bon valè	anbake
ale	deside	mache	naje	fini
rive	bay kalinda	tounen lakay	tranpe	monte
te gen tan gen				

Mo Kle Enpòtan - Leson 21 - Ale Nan Lanmè - Vèb ak ekspresyon

Non: _____ Klas: _____ Dat: _____

Ekri fraz ak mo sa yo.

monte

rive

bay kalinda

pran

yon bon valè

tranpe

bezwen

anbake

fini

deside

benyen

naje

ale

anbake

mache

te gen tan gen

tranpe

tounen lakay

Mo Mele - Leson 21 - Ale Nan Lanmè - Vèb ak ekspresyon

Non: _____ Klas: _____ Dat: _____

Chak fraz gen yon mo ki mele. Demele mo a.

1. Samdi kou li jou yo ___ ___ ___ ___ wout lanmè pou yo.
   pnar

2. Ti moun ki monte sou chanm, granmoun ki ap ___ ___ ___ ___, ti chaloup ki ap bay kalinda sou dlo.
   anje

3. Ti moun ki ___ ___ ___ ___ ___ sou chanm, granmoun ki ap naje, ti chaloup ki ap bay kalinda sou dlo.
   ntmoe

4. Ti moun ki monte sou chanm, granmoun ki ap naje, ti chaloup ki ap ___ ___ ___ ___ ___ ___ ___ ___ ___ ___ sou dlo.
   aylbdnakai

5. Menm jan ak tout vwazen li yo; Pòl bezwen ___ ___ ___ ___ ___ ___ kò li nan yon ti dlo lanmè.
   atprne

6. Moun yo ___ ___ ___ ___ ___ ___, yo mache sou sab lanmè; se bèl bagay.
   neyebn

7. Lè yo rive te gen tan gen ___ ___ ___ ___ ___ ___ ___ ___ ___ ___ moun.
   vaonylnobè

8. Menm jan ak tout vwazen li yo; Pòl ___ ___ ___ ___ ___ ___ tranpe kò li nan yon ti dlo lanmè.
   zbeewn

9. Lè yo rive ___ ___ ___ ___ ___ ___ ___ ___ ___ ___ ___ yon bon valè moun.
   ngngeettaen

10. Malerezman demen dimanch, fòk tout moun ___ ___ ___ ___ ___ ___ ___ ___ ___ ___ yo.
    uonltaeaykn

11. Depi vandredi swa machin nan deja ___ ___ ___ ___ ___ ___.
    aebank

12. Menm jan ak tout vwazen li yo; Pòl bezwen ___ ___ ___ ___ ___ ___ kò li nan yon ti dlo lanmè.
    reatpn

13. Pòl ak madanm ni ___ ___ ___ ___ ___ ___ ale nan plaj.
    eisedd

14. Semèn nan pral ___ ___ ___ ___.
    niif

15. Moun yo benyen, yo ___ ___ ___ ___ ___ sou sab lanmè; se bèl bagay.
    cmeah

16. Depi vandredi swa machin nan deja ___ ___ ___ ___ ___ ___.
    kbaaen

17. Pòl ak madanm ni deside ___ ___ ___ nan plaj.
    eal

18. Lè yo ___ ___ ___ ___ te gen tan gen yon bon valè moun.
    reiv

Chwazi repons ou yo pami mo sa yo :

bezwen	tranpe	tounen lakay	anbake
tranpe	yon bon valè	bay kalinda	mache
naje	anbake	rive	ale
pran	te gen tan gen	fini	deside
Benyen	monte		

Kòd Sekrè - Leson 21 - Ale Nan Lanmè - Vèb ak ekspresyon

Non: _____ Klas: _____ Dat: _____

Nan chak fraz dekode mo a.

1. Lè yo rive ___ ___ ___ ___ ___ ___ ___ ___ ___ ___ ___ yon bon valè moun.
   prdrlpjldrl

2. Depi vandredi swa machin nan deja ___ ___ ___ ___ ___ ___.
   jlcjxr

3. Moun yo ___ ___ ___ ___ ___ ___, yo mache sou sab lanmè; se bèl bagay.
   crlwrl

4. Menm jan ak tout vwazen li yo; Pòl bezwen ___ ___ ___ ___ ___ ___ kò li nan yon ti dlo lanmè.
   pejlgr

5. Ti moun ki monte sou chanm, granmoun ki ap ___ ___ ___ ___, ti chaloup ki ap bay kalinda sou dlo.
   ljyr

6. Samdi kou li jou yo ___ ___ ___ ___ wout lanmè pou yo.
   gejl

7. Lè yo ___ ___ ___ ___ te gen tan gen yon bon valè moun.
   etar

8. Lè yo rive te gen tan gen ___ ___ ___ ___ ___ ___ ___ ___ ___ ___moun.
   wblcblajvr

9. Ti moun ki monte sou chanm, granmoun ki ap naje, ti chaloup ki ap ___ ___ ___ ___ ___ ___ ___ ___ sou dlo.
   cjwxjvtloj

10. Moun yo benyen, yo ___ ___ ___ ___ ___ sou sab lanmè; se bèl bagay.
    fjzqr

11. Semèn nan pral ___ ___ ___ ___.
    ktlt

12. Ti moun ki ___ ___ ___ ___ ___ sou chanm, granmoun ki ap naje, ti chaloup ki ap bay kalinda sou dlo.
    fblpr

13. Pòl ak madanm ni ___ ___ ___ ___ ___ ___ ale nan plaj.
    orntor

14. Depi vandredi swa machin nan deja ___ ___ ___ ___ ___.
    jlcjxr

15. Menm jan ak tout vwazen li yo; Pòl bezwen ___ ___ ___ ___ ___ ___ kò li nan yon ti dlo lanmè.
    pejlgr

16. Malerezman demen dimanch, fòk tout moun ___ ___ ___ ___ ___ ___ ___ ___ ___ ___ ___ yo.
    pbhlrlvjxjw

17. Menm jan ak tout vwazen li yo; Pòl ___ ___ ___ ___ ___ ___ tranpe kò li nan yon ti dlo lanmè.
    cruirl

18. Pòl ak madanm ni deside ___ ___ ___ nan plaj.
    jvr

Kòd Sekrè:

a	b	c	d	e	f	g	h	i	j	k	l	m	n	o	p	q	r	s	t	u	v	w	x	y	z
j	c	z	o	r	k	d	q	t	y	x	v	f	l	b	g	s	e	n	p	h	a	i	m	w	u

Chwazi repons ou yo pami mo sa yo :

bay kalinda	benyen	te gen tan gen	anbake
ale	deside	yon bon valè	fini
anbake	tranpe	monte	bezwen
tounen lakay	mache	rive	naje
tranpe	pran		

Mo Kwaze - Leson 21 - Ale Nan Lanmè - Vokabilè

Non: _____ Klas: _____ Dat: _____

Sèvi ak rezilta ou jwenn nan aktivite ak fraz yo pou konplete mo kwaze a.

An travè

1. Menm jan ak tout ___ ___ ___ ___ ___ ___ li yo; Pòl bezwen tranpe kò li nan yon ti dlo lanmè.

2. Ti moun ki monte sou ___ ___ ___ ___ ___, granmoun ki ap naje, ti chaloup ki ap bay kalinda sou dlo.

3. Ti moun ki monte sou chanm, granmoun ki ap naje, ti ___ ___ ___ ___ ___ ___ ___ ki ap bay kalinda sou dlo.

4. Depi ___ ___ ___ ___ ___ ___ ___ ___ swa machin nan deja anbake.

5. Menm jan ak tout vwazen li yo; Pòl bezwen tranpe kò li nan yon ti dlo ___ ___ ___ ___.

6. Moun yo benyen, yo mache sou ___ ___ ___ lanmè; se bèl bagay.

193

Anba

1. ___ ___ ___ ___ ___ nan pral fini.

2. Menm jan ak tout vwazen li yo; Pòl bezwen tranpe kò li nan yon ti ___ ___ ___ ___ ___ ___ ___ ___.

3. Depi vandredi swa ___ ___ ___ ___ ___ ___ nan deja anbake.

4. ___ ___ ___ ___ ___ kou li jou yo pran wout lanmè pou yo.

5. Lè ___ ___ rive te gen tan gen yon bon valè moun.

6. Pòl ak madanm ni deside ale nan ___ ___ ___ ___ ___.

7. ___ ___ ___ ___ ___ ___ ___ ___ ___ demen dimanch, fòk tout moun tounen lakay yo.

8. Ti moun ki monte sou chanm, ___ ___ ___ ___ ___ ___ ___ ___ ki ap naje, ti chaloup ki ap bay kalinda sou dlo.

9. Pòl ak ___ ___ ___ ___ ___ ___ ni deside ale nan plaj.

Chwazi repons ou yo pami mo sa yo :

sab	Samdi	yo	plaj	machin
chanm	dlo lanmè	chaloup	granmoun	lanmè
madanm	vandredi	Semèn	vwazen	Malerezman

Mo Kle Enpòtan - Lesson 21 - Ale Nan Lanmè - Vokabilè
Non: _____ Klas: _____ Dat: _____

Ekri fraz ak mo sa yo.

yo

chaloup

lanmè

madanm

granmoun

chanm

sab

dlo lanmè

vwazen

machin

Semèn

plaj

Malerezman

Samdi

vandredi

Mo Mele - Leson 21 - Ale Nan Lanmè - Vokabilè

Non: _____ Klas: _____ Dat: _____

Chak fraz gen yon mo ki mele. Demele mo a.

1. ___ ___ ___ ___ ___ nan pral fini.
   Snemè

2. ___ ___ ___ ___ ___ kou li jou yo pran wout lanmè pou yo.
   idamS

3. Moun yo benyen, yo mache sou ___ ___ ___ lanmè; se bèl bagay.
   bsa

4. Ti moun ki monte sou chanm, ___ ___ ___ ___ ___ ___ ___ ki ap naje, ti chaloup ki ap bay kalinda sou dlo.
   umongam

5. Pòl ak ___ ___ ___ ___ ___ ___ ni deside ale nan plaj.
   amadmn

6. Pòl ak madanm ni deside ale nan ___ ___ ___ ___ .
   jlap

7. Ti moun ki monte sou ___ ___ ___ ___ ___, granmoun ki ap naje, ti chaloup ki ap bay kalinda sou dlo.
   mchna

8. Lè ___ ___ rive te gen tan gen yon bon valè moun.
   oy

9. Ti moun ki monte sou chanm, granmoun ki ap naje, ti ___ ___ ___ ___ ___ ___ ___ ki ap bay kalinda sou dlo.
   colhpua

10. Menm jan ak tout ___ ___ ___ ___ ___ ___ li yo; Pòl bezwen tranpe kò li nan yon ti dlo lanmè.
    zawnev

11. ___ ___ ___ ___ ___ ___ ___ ___ ___ demen dimanch, fòk tout moun tounen lakay yo.
    lanrMaemze

12. Menm jan ak tout vwazen li yo; Pòl bezwen tranpe kò li nan yon ti dlo ___ ___ ___ ___ ___.
    amnlè

13. Menm jan ak tout vwazen li yo; Pòl bezwen tranpe kò li nan yon ti ___ ___ ___ ___ ___ ___ ___.
    aldmnolè

14. Depi ___ ___ ___ ___ ___ ___ ___ ___ swa machin nan deja anbake.
    vrdindea

15. Depi vandredi swa ___ ___ ___ ___ ___ ___ nan deja anbake.
    mnacih

Chwazi repons ou yo pami mo sa yo:

Samdi	Malerezman	sab	vwazen	vandredi
dlo lanmè	plaj	lanmè	yo	granmoun
madanm	chanm	machin	Semèn	chaloup

Kòd Sekrè - Leson 21 - Ale Nan Lanmè - Vokabilè

Non: _____ Klas: _____ Dat: _____

Nan chak fraz dekode mo a.

1. ___ ___ ___ ___ ___ kou li jou yo pran wout lanmè pou yo.
   ufwnp
2. Depi ___ ___ ___ ___ ___ ___ ___ ___ swa machin nan deja anbake.
   kfznqlnp
3. Menm jan ak tout vwazen li yo; Pòl bezwen tranpe kò li nan yon ti dlo ___ ___ ___ ___ ___.
   jfzwl
4. ___ ___ ___ ___ ___ ___ ___ ___ ___ demen dimanch, fòk tout moun tounen lakay yo.
   wfjlqldwfz
5. Menm jan ak tout ___ ___ ___ ___ ___ ___ li yo; Pòl bezwen tranpe kò li nan yon ti dlo lanmè.
   kefdlz
6. Depi vandredi swa ___ ___ ___ ___ ___ ___ nan deja anbake.
   wfgrpz
7. Moun yo benyen, yo mache sou ___ ___ ___ lanmè; se bèl bagay.
   ufy
8. Ti moun ki monte sou ___ ___ ___ ___ ___ , granmoun ki ap naje, ti chaloup ki ap bay kalinda sou dlo.
   grfzw
9. Ti moun ki monte sou chanm, ___ ___ ___ ___ ___ ___ ___ ___ ki ap naje, ti chaloup ki ap bay kalinda sou dlo.
   oqfzwmbz
10. Ti moun ki monte sou chanm, granmoun ki ap naje, ti ___ ___ ___ ___ ___ ___ ki ap bay kalinda sou dlo.
    grfjmbc
11. Pòl ak madanm ni deside ale nan ___ ___ ___ ___ ___.
    cjfi
12. Menm jan ak tout vwazen li yo; Pòl bezwen tranpe kò li nan yon ti ___ ___ ___ ___ ___ ___ ___.
    njmjfzw
13. Pòl ak ___ ___ ___ ___ ___ ___ ni deside ale nan plaj.
    wfnfzwl
14. ___ ___ ___ ___ ___ nan pral fini.
    ulwlz
15. Lè ___ ___ rive te gen tan gen yon bon valè moun.
    vm

Kòd Sekrè:

a	b	c	d	e	f	g	h	i	j	k	l	m	n	o	p	q	r	s	t	u	v	w	x	y	z
f	y	g	n	l	x	o	r	p	i	t	j	w	z	m	c	h	q	u	s	b	k	e	a	v	d

Chwazi repons ou yo pami mo sa yo:

madanm	Samdi	chanm	chaloup	granmoun
plaj	Malerezman	dlo lanmè	lanmè	machin
vwazen	Semèn	vandredi	yo	

Aktivite Leson 22
Mo Kwaze - Leson 22 - Vwayaje Lòtbò Dlo - Vèb ak ekspresyon

Non: _____ Klas: _____ Dat: _____

Sèvi ak rezilta ou jwenn nan aktivite ak fraz yo pou konplete mo kwaze a.

An travè
1. Swa ou pral Lafrans, Kanada, Ozetazini, anpil nan demach yo __ __ __ __ __ __ .

2. Apre sa yo antre nan imigrasyon pou dènye tchèk ak enspeksyon, epi __ __ __ __ __ nan avyon an.

3. Moman ki pi bèl se lè ou __ __ __ __ ayewopò, tout moun nan liy.

4. Pafwa moun pa __ __ __ __ __ plas, lè konsa, yo sou "stannbay".

5. Swa ou __ __ __ __ Lafrans, Kanada, Ozetazini, anpil nan demach yo sanble.

6. Ou gen pou fè rezèvasyon sou youn nan avyon ki __ __ zòn sa yo.

199

Anba

1. Apre ou ___ ___ ___ ___ ___ ___ paspò ak viza ladan, ou kapab vwayaje.

2. Lè avyon an rantre yon gwo opalè ___ ___ ___ ___ ___ pasaje yo pou yo anbake.

3. Tout moun nan liy yo ___ ___ ___ ___ ___ ___ zefè yo, peze yo epi peye yon ti kòb pou yo si yo peze plis pase pwa nòmal.

4. Lè avyon an ___ ___ ___ ___ ___ ___ yon gwo opalè mande pasaje yo pou yo anbake.

5. Yon lòt moman; gwo zwazo a ___ ___ ___ ___ lè a pou li.

6. Apre ou fin gen paspò ak viza ladan, ou kapab ___ ___ ___ ___ ___ ___ ___.

Chwazi repons ou yo pami mo sa yo:

pran	fè	pral	vwayaje	antre	tcheke
rive	jwenn	fin gen	mande	sanble	rantre

Mo Kle Enpòtan - Leson 22 - Vwayaje Lòtbò Dlo - Vèb ak ekspresyon

Non: _____ Klas: _____ Dat: _____

Ekri fraz ak mo sa yo.

sanble

tcheke

vwayaje

pran

fin gen

mande

jwenn

fè

rantre

antre

pral

rive

Mo Mele - Leson 22 - Vwayaje Lòtbò Dlo - Vèb ak ekspresyon

Non: _____ Klas: _____ Dat: _____

Chak fraz gen yon mo ki mele. Demele mo a.

1. Ou gen pou fè rezèvasyon sou youn nan avyon ki ___ ___zòn sa yo.
   èf

2. Pafwa moun pa ___ ___ ___ ___ ___ plas, lè konsa, yo sou "stannbay".
   wjnen

3. Lè avyon an rantre yon gwo opalè ___ ___ ___ ___ ___ pasaje yo pou yo anbake.
   andem

4. Lè avyon an ___ ___ ___ ___ ___ ___ yon gwo opalè mande pasaje yo pou yo anbake.
   nraret

5. Moman ki pi bèl se lè ou ___ ___ ___ ___ ayewopò, tout moun nan liy.
   irev

6. Swa ou pral Lafrans, Kanada, Ozetazini, anpil nan demach yo ___ ___ ___ ___ ___ ___.
   enlbsa

7. Apre sa yo antre nan imigrasyon pou dènye tchèk ak enspeksyon, epi ___ ___ ___ ___ ___ nan avyon an.
   tnaer

8. Apre ou ___ ___ ___ ___ ___ ___ paspò ak viza ladan, ou kapab vwayaje.
   ngnife

9. Apre ou fin gen paspò ak viza ladan, ou kapab ___ ___ ___ ___ ___ ___ ___.
   yajwvae

10. Yon lòt moman; gwo zwazo a ___ ___ ___ ___ lè a pou li.
    pnar

11. Tout moun nan liy yo ___ ___ ___ ___ ___ ___ zefè yo, peze yo epi peye yon ti kòb pou yo si yo peze plis pase pwa nòmal.
    eetckh

12. Swa ou ___ ___ ___ ___ Lafrans, Kanada, Ozetazini, anpil nan demach yo sanble.
    ralp

<u>Chwazi repons ou yo pami mo sa yo:</u>

sanble	antre	rive	rantre	vwayaje	pral	jwenn
mande	fin gen	tcheke	fè	pran		

Kòd Sekrè - Leson 22 - Vwayaje Lòtbò Dlo - Vèb ak ekspresyon

Non: _____ Klas: _____ Dat: _____

Nan chak fraz dekode mo a.

1. Swa ou ___ ___ ___ ___ Lafrans, Kanada, Ozetazini, anpil nan demach yo sanble.
   cyhx

2. Lè avyon an ___ ___ ___ ___ ___ ___ yon gwo opalè mande pasaje yo pou yo anbake.
   yhfnya

3. Apre ou fin gen paspò ak viza ladan, ou kapab ___ ___ ___ ___ ___ ___ ___.
   zvhphea

4. Apre sa yo antre nan imigrasyon pou dènye tchèk ak enspeksyon, epi ___ ___ ___ ___ ___ nan avyon an.
   hfnya

5. Swa ou pral Lafrans, Kanada, Ozetazini, anpil nan demach yo ___ ___ ___ ___ ___ ___.
   qhfwxa

6. Ou gen pou fè rezèvasyon sou youn nan avyon ki ___ ___ zòn sa yo.
   ua

7. Pafwa moun pa ___ ___ ___ ___ ___ plas, lè konsa, yo sou "stannbay".
   evaff

8. Tout moun nan liy yo ___ ___ ___ ___ ___ ___ zefè yo, peze yo epi peye yon ti kòb pou yo si yo peze plis pase pwa nòmal.
   ntiala

9. Yon lòt moman; gwo zwazo a ___ ___ ___ ___ lè a pou li.
   cyhf

10. Apre ou ___ ___ ___ ___ ___ ___ paspò ak viza ladan, ou kapab vwayaje.
    uofdaf

11. Moman ki pi bèl se lè ou ___ ___ ___ ___ ayewopò, tout moun nan liy.
    yoza

12. Lè avyon an rantre yon gwo opalè ___ ___ ___ ___ ___ pasaje yo pou yo anbake.
    fhgka

Kòd Sekrè:

a	b	c	d	e	f	g	h	i	j	k	l	m	n	o	p	q	r	s	t	u	v	w	x	y	z
h	w	t	k	a	u	d	i	o	e	l	x	f	g	s	c	b	y	q	n	j	z	v	m	p	r

Chwazi repons ou yo pami mo sa yo:

| rive | fè | antre | pral | sanble | vwayaje |
| rantre | mande | pran | fin gen | tcheke | jwenn |

Mo Kwaze - Leson 22 - Vwayaje Lòtbò Dlo - Vokabilè

Non: _____ Klas: _____ Dat: _____

Sèvi ak rezilta ou jwenn nan aktivite ak fraz yo pou konplete mo kwaze a.

An travè
1. Swa ou pral Lafrans, Kanada, ___ ___ ___ ___ ___ ___ ___ ___ ___, anpil nan demach yo sanble.

2. Lè ___ ___ ___ ___ ___ an rantre yon gwo opalè mande pasaje yo pou yo anbake.

3. Moman ki pi bèl se lè ou rive ___ ___ ___ ___ ___ ___ ___, tout moun nan liy.

4. Swa ou pral ___ ___ ___ ___ ___ ___ ___, Kanada, Ozetazini, anpil nan demach yo sanble.

9. Yon lòt moman; gwo ___ ___ ___ ___ ___ a pran lè a pou li.

204

Anba

1. Apre ou fin gen paspò ak ___ ___ ___ ___ ladan, ou kapab vwayaje.

2. Ou gen pou fè ___ ___ ___ ___ ___ ___ ___ ___ ___ sou youn nan avyon ki fè zòn sa yo.

3. Apre ou fin gen ___ ___ ___ ___ ___ ak viza ladan, ou kapab vwayaje.

4. Apre sa yo antre nan ___ ___ ___ ___ ___ ___ ___ ___ ___ ___ pou dènye tchèk ak enspeksyon, epi antre nan avyon an.

5. Lè avyon an rantre yon gwo ___ ___ ___ ___ ___ mande pasaje yo pou yo anbake.

6. Swa ou pral Lafrans, Kanada, Ozetazini, anpil nan ___ ___ ___ ___ ___ ___ yo sanble.

7. Swa ou pral Lafrans, ___ ___ ___ ___ ___ ___ , Ozetazini, anpil nan demach yo sanble.

8. Pafwa moun pa jwenn plas, lè konsa, yo sou " ___ ___ ___ ___ ___ ___ ___ ___ ".

9. Tout moun nan liy yo tcheke ___ ___ ___ ___ yo, peze yo epi peye yon ti kòb pou yo si yo peze plis pase pwa nòmal.

Chwazi repons ou yo pami mo sa yo:

viza	stannbay	imigrasyon	Kanada
zwazo	rezèvasyon	zefè	demach
ayewopò	avyon	paspò	opalè
Lafrans	Ozetazini		

Mo Kle Enpòtan - Leson 22 - Vwayaje Lòtbò Dlo - Vokabilè
Non: _____ Klas: _____ Dat: _____

Ekri fraz ak mo sa yo.

Ozetazini

imigrasyon

stannbay

opalè

zefè

avyon

Kanada

rezèvasyon

Lafrans

demach

paspò

zwazo

viza

ayewopò

Mo Mele - Leson 22 - Vwayaje Lòtbò Dlo - Vokabilè

Non: _____ Klas: _____ Dat: _____

Chak fraz gen yon mo ki mele. Demele mo a.

1. Apre sa yo antre nan ___ ___ ___ ___ ___ ___ ___ ___ ___ ___ pou dènye tchèk ak enspeksyon, epi antre nan avyon an.
   anrisgyoim

2. Apre ou fin gen ___ ___ ___ ___ ___ ak viza ladan, ou kapab vwayaje.
   ppasò

3. Swa ou pral Lafrans, Kanada, ___ ___ ___ ___ ___ ___ ___ ___ ___, anpil nan demach yo sanble.
   ziaetOniz

4. Swa ou pral ___ ___ ___ ___ ___ ___ ___, Kanada, Ozetazini, anpil nan demach yo sanble.
   nafarLs

5. Pafwa moun pa jwenn plas, lè konsa, yo sou "___ ___ ___ ___ ___ ___ ___ ___".
   atsbanny

6. Ou gen pou fè ___ ___ ___ ___ ___ ___ ___ ___ ___ sou youn nan avyon ki fè zòn sa yo.
   szaovyenrè

7. Apre ou fin gen paspò ak ___ ___ ___ ___ ladan, ou kapab vwayaje.
   vzai

8. Lè ___ ___ ___ ___ ___ an rantre yon gwo opalè mande pasaje yo pou yo anbake.
   noyav

9. Yon lòt moman; gwo ___ ___ ___ ___ ___ a pran lè a pou li.
   awzzo

10. Tout moun nan liy yo tcheke ___ ___ ___ ___ yo, peze yo epi peye yon ti kòb pou yo si yo peze plis pase pwa nòmal.
    fezè

11. Lè avyon an rantre yon gwo ___ ___ ___ ___ ___ mande pasaje yo pou yo anbake.
    oalpè

12. Moman ki pi bèl se lè ou rive ___ ___ ___ ___ ___ ___ ___ , tout moun nan liy.
    eoyapwò

13. Swa ou pral Lafrans, Kanada, Ozetazini, anpil nan ___ ___ ___ ___ ___ ___ yo sanble.
    cadmeh

14. Swa ou pral Lafrans, ___ ___ ___ ___ ___ ___ , Ozetazini, anpil nan demach yo sanble.
    naKdaa

Chwazi repons ou yo pami mo sa yo:

Ozetazini	zefè	opalè	avyon	Lafrans
zwazo	paspò	Kanada	rezèvasyon	imigrasyon
ayewopò	viza	demach	stannbay	

Kòd Sekrè - Leson 22 - Vwayaje Lòtbò Dlo

Non: _____ Klas: _____ Dat: _____

Nan chak fraz dekode mo a.

1. Lè avyon an rantre yon gwo ___ ___ ___ ___ ___ mande pasaje yo pou yo anbake.
   kepqv

2. Swa ou pral Lafrans, Kanada, Ozetazini, anpil nan ___ ___ ___ ___ ___ ___ yo sanble.
   wvjpfl

3. Ou gen pou fè ___ ___ ___ ___ ___ ___ ___ ___ ___ ___ sou youn nan avyon ki fè zòn sa yo.
   uvcvipyskn

4. Apre ou fin gen paspò ak ___ ___ ___ ___ ladan, ou kapab vwayaje.
   iacp

5. Swa ou pral Lafrans, ___ ___ ___ ___ ___ , Ozetazini, anpil nan demach yo sanble.
   zpnpwp

6. Lè ___ ___ ___ ___ ___ an rantre yon gwo opalè mande pasaje yo pou yo anbake.
   piskn

7. Moman ki pi bèl se lè ou rive ___ ___ ___ ___ ___ ___ ___ , tout moun nan liy.
   psvokek

8. Apre ou fin gen ___ ___ ___ ___ ___ ak viza ladan, ou kapab vwayaje.
   epyek

9. Swa ou pral ___ ___ ___ ___ ___ ___ , Kanada, Ozetazini, anpil nan demach yo sanble.
   qphupny

10. Yon lòt moman; gwo ___ ___ ___ ___ ___ a pran lè a pou li.
    copck

11. Pafwa moun pa jwenn plas, lè konsa, yo sou " ___ ___ ___ ___ ___ ___ ___ ___ "
    ytpnnbps

12. Tout moun nan liy yo tcheke ___ ___ ___ ___ yo, peze yo epi peye yon ti kòb pou yo si yo peze plis pase pwa nòmal.
    cvhv

13. Swa ou pral Lafrans, Kanada, ___ ___ ___ ___ ___ ___ ___ ___ ___, anpil nan demach yo sanble.
    kcvtpcana

14. Apre sa yo antre nan ___ ___ ___ ___ ___ ___ ___ ___ pou dènye tchèk ak enspeksyon, epi antre nan avyon an.
    ajagupyskn

Kòd Sekrè:

a	b	c	d	e	f	g	h	i	j	k	l	m	n	o	p	q	r	s	t	u	v	w	x	y	z
p	b	f	w	v	h	g	l	a	r	z	q	j	n	k	e	x	u	y	t	m	i	o	d	s	c

Chwazi repons ou yo pami mo sa yo:

zefè	ayewopò	avyon	zwazo	Ozetazini
Lafrans	viza	Kanada	rezèvasyon	stannbay
imigrasyon	demach	opalè	paspò	

Aktivite Leson 23

Mo Kwaze - Leson 23 - Yon Timoun Fèt - Vèb ak ekspresyon

Non: _____ Klas: _____ Dat: _____

Sèvi ak rezilta ou jwenn nan aktivite ak fraz yo pou konplete mo kwaze a.

An travè
2. Li ___ ___ ___ ___ ___ ___ ___.
3. ___ ___ ___ ___ li nan bèso a!
4. Ti bebe a deja ___ ___ ___ ___ ___ ___ ___ jwenn anpil afeksyon.
5. Semèn sa a yo ___ ___ ___ ___ ___ ___ yon ti bebe.
6. Ti pitit la ___ ___ ___ ___ ___ ___ ak papa li tèt koupe.
7. Felòm ak Anita gen yon bon ti tan depi yo ___ ___ ___ ___ ___ .

Anba
1. De anmore yo gen yon bon van k' ap ___ ___ ___ ___ ___ ___ nan kè yo.
2. Ti pitit la sanble ak papa li ___ ___ ___ ___ ___ ___ ___ ___.
3. ___ ___ ___ ___ ti pitit la te fèt Felòm kriye: "mèsi Bondye mwen resi papa".
4. Li ___ ___ konbinezon lanmou de moun yo.
5. Men kimoun ki ___ ___ ___ ___ ___ ___ sa li ap vin demen?

Chwazi repons ou yo pami mo sa yo:
fèk gen	tèt koupe	sanble	kòmanse	tou piti
marye	se	Apèn	Gade	konnen	soufle

Mo Kle Enpòtan - Lesson 23 - Yon Timoun Fèt - Vèb ak Ekspresyon
Non: _____ Klas: _____ Dat: _____

Ekri fraz ak mo sa yo.

fèk gen

Apèn

tou piti

Gade

marye

se

soufle

kòmanse

konnen

tèt koupe

sanble

Mo Mele - Leson 23 - Yon Timoun Fèt - Vèb ak Ekspresyon

Non: _____ Klas: _____ Dat: _____

Chak fraz gen yon mo ki mele. Demele mo a.

1. Ti bebe a deja ___ ___ ___ ___ ___ ___ ___ ___ jwenn anpil afeksyon.
   nasemkò

2. Li ___ ___ ___ ___ ___ ___ ___.
   ouiittp

3. Ti pitit la ___ ___ ___ ___ ___ ___ ak papa li tèt koupe.
   anblse

4. Men kimoun ki ___ ___ ___ ___ ___ ___ sa li ap vin demen?
   enonkn

5. ___ ___ ___ ___ ti pitit la te fèt Felòm kriye: "mèsi Bondye mwen resi papa".
   pAnè

6. Semèn sa a yo ___ ___ ___ ___ ___ ___ yon ti bebe.
   nfekgè

7. Felòm ak Anita gen yon bon ti tan depi yo ___ ___ ___ ___ ___ .
   yemar

8. ___ ___ ___ ___ li nan bèso a!
   daGe

9. Li ___ ___ konbinezon lanmou de moun yo.
   es

10. De anmore yo gen yon bon van k' ap ___ ___ ___ ___ ___ ___ nan kè yo.
    luesfo

11. Ti pitit la sanble ak papa li ___ ___ ___ ___ ___ ___ ___ ___.
    tpetuokè

Chwazi repons ou yo pami mo sa yo:

Gade	Apèn	kòmanse	tou piti	fèk gen
konnen	se	soufle	marye	tèt koupe
sanble				

Kòd Sekrè - Leson 23 - Yon Timoun Fèt - Vèb ak Ekspresyon

Non: _____ Klas: _____ Dat: _____

Nan chak fraz dekode mo a.

1. De anmore yo gen yon bon van k' ap ___ ___ ___ ___ ___ ___ nan kè yo.
   bluiwz

2. Semèn sa a yo ___ ___ ___ ___ ___ ___ yon ti bebe.
   iakxzg

3. ___ ___ ___ ___ li nan bèso a!
   xpnz

4. Ti bebe a deja ___ ___ ___ ___ ___ ___ ___ jwenn anpil afeksyon.
   alkpgbz

5. ___ ___ ___ ___ ti pitit la te fèt Felòm kriye: "mèsi Bondye mwen resi papa".
   pczg

6. Ti pitit la sanble ak papa li ___ ___ ___ ___ ___ ___ ___ ___.
   fzfalucz

7. Felòm ak Anita gen yon bon ti tan depi yo ___ ___ ___ ___ ___.
   kptez

8. Li ___ ___ konbinezon lanmou de moun yo.
   bz

9. Men kimoun ki ___ ___ ___ ___ ___ ___ sa li ap vin demen?
   alggzg

10. Li ___ ___ ___ ___ ___ ___.
    flucfv

11. Ti pitit la ___ ___ ___ ___ ___ ___ ak papa li tèt koupe.
    bpgowz

Kòd Sekrè:

a	b	c	d	e	f	g	h	i	j	k	l	m	n	o	p	q	r	s	t	u	v	w	x	y	z
p	o	d	n	z	i	x	j	v	r	a	w	k	g	l	c	h	t	b	f	u	s	q	m	e	y

Chwazi repons ou yo pami mo sa yo:

| soufle | Gade | Apèn | sanble | marye | fèk gen |
| tou piti | se | kòmanse | konnen | tèt koupe | |

Mo Kwaze - Leson 23 - Yon Timoun Fèt - Vokabilè

Non: _____ Klas: _____ Dat: _____

Sèvi ak rezilta ou jwenn nan aktivite ak fraz yo pou konplete mo kwaze a.

An travè
1. Ti pitit la sanble ak ___ ___ ___ ___ li tèt koupe.

2. ___ ___ ___ ___ ti pitit la te fèt Felom kriye: "mèsi Bondye mwen resi papa ".

3. Gade li nan ___ ___ ___ ___ a!

4. Li se ___ ___ ___ ___ ___ ___ ___ ___ ___ ___ lanmou de moun yo.

5. Felòm ak Anita gen yon bon ti tan ___ ___ ___ ___ yo marye.

Anba
1. Ti bebe a deja kòmanse jwenn anpil ___ ___ ___ ___ ___ ___ ___ ___.

2. Semèn sa a yo fèk gen yon ___ ___ ___ ___ ___ ___ .

3. De ___ ___ ___ ___ ___ ___ yo gen yon bon van k' ap soufle nan kè yo.

4. Li tou ___ ___ ___ ___.

5. Men kimoun ki konnen sa li ap vin ___ ___ ___ ___ ___?

Chwazi repons ou yo pami mo sa yo:

anmore	konbinezon	ti bebe	papa	demen
Apèn	piti	afeksyon	depi	bèso

Mo Kle Enpòtan - Leson 23 - Yon Timoun Fèt - Vokabilè
Non: _____ Klas: _____ Dat: _____

Ekri fraz ak mo sa yo.

konbinezon

anmore

depi

Apèn

bèso

afeksyon

papa

piti

demen

ti bebe

Mo Mele - Leson 23 - Yon Timoun Fèt - Vokabilè

Non: _____ Klas: _____ Dat: _____

Chak fraz gen yon mo ki mele. Demele mo a.

1. Semèn sa a yo fèk gen yon ___ ___ ___ ___ ___ ___ .
   teebib

2. Li tou ___ ___ ___ ___ .
   ipit

3. Ti bebe a deja kòmanse jwenn anpil ___ ___ ___ ___ ___ ___ ___ ___ .
   faykonse

4. Li se ___ ___ ___ ___ ___ ___ ___ ___ ___ ___ lanmou de moun yo.
   nooenbiznk

5. ___ ___ ___ ___ ti pitit la te fèt Felòm kriye: "mèsi Bondye mwen resi papa".
   pAnè

6. De ___ ___ ___ ___ ___ ___ yo gen yon bon van k' ap soufle nan kè yo.
   nroema

7. Ti pitit la sanble ak ___ ___ ___ ___ li tèt koupe.
   apap

8. Gade li nan ___ ___ ___ ___ a!
   sèob

9. Men kimoun ki konnen sa li ap vin ___ ___ ___ ___ ___ ?
   eemnd

10. Felòm ak Anita gen yon bon ti tan ___ ___ ___ ___ yo marye.
    edip

Chwazi repons ou yo pami mo sa yo:

ti bebe	demen	piti	Apèn	papa
konbinezon	bèso	anmore	afeksyon	depi

Kòd Sekrè - Leson 23 - Yon Timoun Fèt - Vokabilè

Non: _____ Klas: _____ Dat: _____

Nan chak fraz dekode mo a.

1. Li tou ___ ___ ___ ___ .
   jtvt

2. Gade li nan ___ ___ ___ ___ a!
   kopx

3. Ti bebe a deja kòmanse jwenn anpil ___ ___ ___ ___ ___ ___ ___ .
   bzofpexd

4. Ti pitit la sanble ak ___ ___ ___ ___ li tèt koupe.
   jbjb

5. Semèn sa a yo fèk gen yon ___ ___ ___ ___ ___ .
   vtkoko

6. ___ ___ ___ ___ ti pitit ta te fèt Felòm kriye: "mèsi Bondye, mwen resi papa ".
   bjod

7. Felòm ak Anita gen yon bon ti tan ___ ___ ___ ___ yo marye.
   lojt

8. Men kimoun ki konnen sa li ap vin ___ ___ ___ ___ ___ ?
   loqod

9. De ___ ___ ___ ___ ___ ___ yo gen yon bon van k' ap soufle nan kè yo.
   bdqxio

10. Li se ___ ___ ___ ___ ___ ___ ___ ___ ___ lanmou de moun yo.
    fxdktdogxd

Kòd Sekrè:

↑a b c d e f g h i j k l m n o p q r s t u v w x y z↑
 b k w t o z n h t m f s q d x j u i p v c y a r e g

Chwazi repons ou yo pami mo sa yo:

| depi | bèso | Apèn | ti bebe | anmore |
| piti | papa | afeksyon | demen | konbinezon |

Aktivite Leson 24
Mo Kwaze - Leson 24 - Yon Ka Lanmò - Vèb ak Ekspresyon

Non: _____ Klas: _____ Dat: _____

Sèvi ak rezilta ou jwenn nan aktivite ak fraz yo pou konplete mo kwaze a.

An travè
3. ___ ___ ___ ___ ___ ___ ___ ___ ___ ___ ___ ___ ___ ___, gran frè mwen an, e anpil timoun nan tout vwazinaj la.

4. Mwen santi kè mwen t' ap ___ ___ ___ ___ ___ ___ .

5. ___ ___ ___ tris mwen tris!

6. Se yon ti granmoun ki te ___ ___ ___ ___ ___ ___ moun anpil.

7. Iya ___ ___ ___ ___ ___ .

8. Yon jou madi li te ___ ___ ___ ___ yon tas kafe ban mwen.

9. Chak maten Iya ___ ___ ___ ___ nou ak yon tas kafe.

10. Li te ___ ___ ___ ___ bò lakay.

217

Anba

1. Maladi a touye kò ou men ___ ___ ___ ___ ___ ___ ___ ___ ___ ___ ki t' ap klere nan ou a, rete tou limen nan kè mwen.

2. Si mwen ta dwe ___ ___ ___ ___ mwen t'ap di: Iya ou ale vye sò?

3. ___ ___ ___ ___ dènye fwa.

4. Maladi a ___ ___ ___ ___ ___ kò ou men flanm lanmou ki t' ap Klere nan ou a, rete tou limen nan kè mwen.

5. Maladi a touye kò ou men flanm lanmou ki t' ap klere nan ou a, rete ___ ___ ___ ___ ___ ___ ___ ___ nan kè mwen.

6. Iya te vin malad, li pa t' janm fin ___ ___ ___ ___ nèt.

7. Manman mwen te toujou di mwen, ti granmoun sila a te konn ___ ___ ___ ___ ___ mwen lè mwen te piti.

Chwazi repons ou yo pami mo sa yo:

renmen	leve	kenbe
touye	rete	senyen
Se te	refè	flanm lanmou
Se pa mwen sèlman	mouri	tou limen
Ala	voye	pale

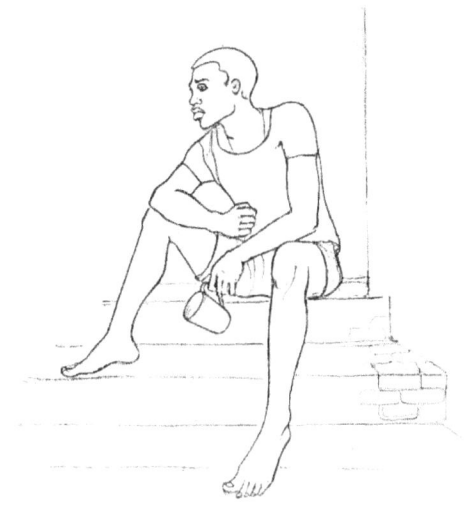

Mo Kle Enpòtan - Leson 24 - Yon Ka Lanmò - Vèb ak Ekspresyon

Non: _____ Klas: _____ Dat: _____

Ekri fraz ak mo sa yo.

renmen _____

Ala _____

senyen _____

leve _____

tou limen _____

refè _____

flanm lanmou _____

Se pa mwen sèlman _____

kenbe _____

pale

voye

moun

rete

Se te

touye

Mo Mele - Leson 24 - Yon Ka Lanmò - Vèb ak Ekspresyon

Non: _____ Klas: _____ Dat: _____

Chak fraz gen yon mo ki mele. Demele mo a.

1. Iya ___ ___ ___ ___ ___ .
   oiurm

2. Maladi a ___ ___ ___ ___ ___ kò ou men flanm lanmou ki t' ap klere nan ou a, rete tou limen nan kè mwen.
   uteyo

3. Manman mwen te toujou di mwen, ti granmoun sila a te konn ___ ___ ___ ___ ___ mwen lè mwen te piti.
   keenb

4. Yon jou madi li te ___ ___ ___ ___ yon tas kafe ban mwen.
   oyev

5. Mwen santi kè mwen t' ap ___ ___ ___ ___ ___ ___ .
   eenyns

6. Iya te vin malad, li pa t' janm fin ___ ___ ___ ___ nèt.
   ferè

7. ___ ___ ___ ___ ___ ___ ___ ___ ___ ___ ___ ___ ___ ___, gran frè mwen an, e anpil timoun nan tout vwazinaj la.
   enwaspnmelamSè

8. Si mwen ta dwe ___ ___ ___ ___ mwen t' ap di: Iya ou ale vye sò?
   pale

9. ___ ___ ___ ___ dènye fwa.
   teSe

10. Chak maten Iya ___ ___ ___ ___ nou ak yon tas kafe.
    evle

11. Maladi a touye kò ou men ___ ___ ___ ___ ___ ___ ___ ___ ___ ___ ki t'ap klere nan ou a, rete tou limen nan kè mwen.
    mauolfnmanl

12. Se yon ti granmoun ki te ___ ___ ___ ___ ___ ___ moun anpil.
    ennemr

13. ___ ___ ___ tris mwen tris!
    alA

14. Maladi a touye kò ou men flanm lanmou ki t' ap klere nan ou a, rete ___ ___ ___ ___ ___ ___ ___ nan kè mwen.
    imlnteou

15. Li te ___ ___ ___ ___ bò lakay.
    eetr

Chwazi repons ou yo pami mo sa yo:

Se te	leve	mouri	tou limen
senyen	kenbe	voye	refè
rete	renmen	flanm lanmou	touye
Ala	pale	Se pa mwen sèlman	

Kòd Sekrè - Leson 24 - Yon Ka Lanmò - Vèb ak Ekspresyon

Non: _____ Klas: _____ Dat: _____

Nan chak fraz dekode mo a.

1. Yon jou madi li te ___ ___ ___ ___ yon tas kafe ban mwen.
   qzbm

2. Li te ___ ___ ___ ___ bò lakay.
   amwm

3. ___ ___ ___ ___ ___ ___ ___ ___ ___ ___ ___ ___ ___ ____, gran frè mwen an, e anpil timoun nan tout vwazinaj la.
   smedlpmxsfmldx

4. Se yon ti granmoun ki te ___ ___ ___ ___ ___ ___ moun anpil.
   amxlmx

5. Iya te vin malad, li pa t' janm fin ___ ___ ___ ___ nèt.
   amgm

6. Maladi a touye kò ou men flanm lanmou ki t' ap klere nan ou a, rete ___ ___ ___ ___ ___ ___ ___ ___nan kè mwen.
   wzufylmx

7. Maladi a touye kò ou men ___ ___ ___ ___ ___ ___ ___ ___ ___ ___ ki t' ap klere nan ou a, rete tou limen nan kè mwen.
   gfdxlfdxlzu

8. ___ ___ ___ ___ dènye fwa.
   smwm

9. Chak maten Iya ___ ___ ___ ___ nou ak yon tas kafe.
   fmqm

10. Manman mwen te toujou di mwen, ti granmoun sila a te konn ___ ___ ___ ___ ___ mwen lè mwen te piti.
    vmxom

11. Iya ___ ___ ___ ___ ___ .
    lzuay

12. Maladi a ___ ___ ___ ___ ___ kò ou men flanm lanmou ki t' ap Klere nan ou a, rete tou limen nan kè mwen.
    wzubm

13. Mwen santi kè mwen t' ap ___ ___ ___ ___ ___ ___ .
    smxbmx

14. ___ ___ ___ tris mwen tris!
    dfd

15. Si mwen ta dwe ___ ___ ___ mwen t' ap di: Iya ou ale vye sò?
    edfm

Kòd Sekrè:

a	b	c	d	e	f	g	h	i	j	k	l	m	n	o	p	q	r	s	t	u	v	w	x	y	z
d	o	j	c	m	g	h	i	y	k	v	f	l	x	z	e	r	a	s	w	u	q	p	t	b	n

Chwazi repons ou yo pami mo sa yo:

voye   touye   refè   mouri   tou limen   Se te   kenbe   rete
renmen   pale   senyen   flanm lanmou   Se pa mwen sèlman   Ala   leve

Mo Kwaze - Leson 24 - Yon Ka Lanmò - Vokabilè

Non: _____ Klas: _____ Dat: _____

Sèvi ak rezilta ou jwenn nan aktivite ak fraz yo pou konplete mo kwaze a.

An travè

7. Se pa mwen sèlman, gran frè mwen an, e anpil timoun nan tout ___ ___ ___ ___ ___ ___ ___ ___ la.
8. Se te ___ ___ ___ ___ ___ fwa.
9. Maladi a touye kò ou men ___ ___ ___ ___ ___ ___ ___ ___ ___ ___ ___ ki t' ap klere nan ou a, rete tou limen nan kè mwen.
10. Mwen santi ___ ___ mwen t' ap senyen.
11. ___ ___ ___ mouri.

Anba

1. Li te rete bò ___ ___ ___ ___ ___ .
2. Se yon ti ___ ___ ___ ___ ___ ___ ___ ___ ki te renmen moun anpil.
3. ___ ___ ___ ___ ___ ___ a touye kò ou men flanm lanmou ki t' ap klere nan ou a, rete tou limen nan kè mwen.
4. Ala ___ ___ ___ ___ mwen tris!
5. Manman mwen te toujou di mwen, ti ___ ___ ___ ___ ___ ___ ___ ___ sila a te konn kenbe mwen lè mwen te piti.
6. Chak maten Iya leve nou ak yon ___ ___ ___ ___ ___ ___ ___.
7. Si mwen ta dwe pale mwen t' ap di: Iya ou ale ___ ___ ___ ___ ___ ?
8. Yon jou ___ ___ ___ ___ li te voye yon tas kafe ban mwen.
9. Iya te vin ___ ___ ___ ___ ___, li pa t' janm fin refè nèt.

Chwazi repons ou yo pami mo sa yo:

vye sò	kè	madi	granmoun	malad
granmoun	tas kafe	lakay	flanm lanmou	tris
Maladi	Iya	vwazinaj	dènye	

Mo Kle Enpòtan - Leson 24 - Yon Ka Lanmò - Vokabilè

Non: _____ Klas: _____ Dat: _____

Ekri fraz ak mo sa yo.

granmoun

lakay

lya

vwazinaj

tris

malad

tas kafe

madi

kè

flanm lanmou

vye sò

granmoun dènye

Maladi

Mo Mele - Leson 24 - Yon Ka Lanmò - Vokabilè

Non: _____ Klas: _____ Dat: _____

Chak fraz gen yon mo ki mele. Demele mo a.

1. Si mwen ta dwe pale mwen t' ap di: Iya ou ale ___ ___ ___ ___ ___ ?
   òveys

2. Iya te vin ___ ___ ___ ___ ___ , li pa t' janm fin refè nèt.
   lmada

3. Chak maten Iya leve nou ak yon ___ ___ ___ ___ ___ ___ ___.
   kaestfa

4. Li te rete bò ___ ___ ___ ___ ___.
   laaky

5. Se yon ti ___ ___ ___ ___ ___ ___ ___ ___ ki te renmen moun anpil.
   omarungn

6. ___ ___ ___ ___ ___ ___ a touye kò ou men flanm lanmou ki t'ap klere nan ou a, rete tou limen nan kè mwen.
   dalMai

7. ___ ___ ___ mouri.
   lay

8. Mwen santi ___ ___ mwen t' ap senyen.
   èk

9. Se te ___ ___ ___ ___ ___ fwa.
   nedèy

10. Maladi a touye kò ou men ___ ___ ___ ___ ___ ___ ___ ___ ___ ___ ki t' ap klere nan ou a, rete tou limen nan kè mwen.
    mualnonmalf

11. Manman mwen te toujou di mwen, ti ___ ___ ___ ___ ___ ___ ___ ___ sila a te konn kenbe mwen lè mwen te piti.
    rganmnou

12. Se pa mwen sèlman, gran frè mwen an, e anpil timoun nan tout ___ ___ ___ ___ ___ ___ ___ ___ la.
    injzavaw

13. Ala ___ ___ ___ ___ mwen tris!
    itsr

14. Yon jou ___ ___ ___ ___ li te voye yon tas kafe ban mwen.
    daim

Chwazi repons ou yo pami mo sa yo:

kè	granmoun	vye sò	vwazinaj	Iya
tris	flanm lanmou	tas kafe	granmoun	Maladi
lakay	dènye	malad	madi	

Kòd Sekrè - Leson 24 - Yon Ka Lanmò - Vokabilè

Non: _____ Klas: _____ Dat: _____

Nan chak fraz dekode mo a.

1. Li te rete bò ___ ___ ___ ___ ___ .
   nxwxp

2. Chak maten lya leve nou ak yon ___ ___ ___ ___ ___ ___ ___.
   axzwxlt

3. Ala ___ ___ ___ ___ mwen tris!
   aovz

4. Se yon ti ___ ___ ___ ___ ___ ___ ___ ___ ki te renmen moun anpil.
   goxqeiuq

5. Iya te vin ___ ___ ___ ___ ___ , li pa t' janm fin refè nèt.
   exnxc

6. Se pa mwen sèlman, gran frè mwen an, e anpil timoun nan tout ___ ___ ___ ___ ___ ___ ___ ___ la.
   dmxsvqxy

7. Mwen santi ___ ___ mwen t' ap senyen.
   wt

8. Yon jou ___ ___ ___ ___ li te voye yon tas kafe ban mwen.
   excv

9. Se te ___ ___ ___ ___ ___ fwa.
   ctqpt

10. ___ ___ ___ ___ ___ ___ a touye kò ou men flanm lanmou ki t 'ap klere nan ou a, rete tou limen nan kè mwen.
    exnxcv

11. Si mwen ta dwe pale mwen t'ap di: Iya ou ale ___ ___ ___ ___ ?
    dptzi

12. ___ ___ ___ mouri.
    vpx

13. Maladi a touye kò ou men ___ ___ ___ ___ ___ ___ ___ ___ ___ ___ ___ ki t' ap klere nan ou a, rete tou limen nan kè mwen.
    lnxqenxqeiu

14. Manman mwen te toujou di mwen, ti ___ ___ ___ ___ ___ ___ ___ ___ sila a te konn kenbe mwen lè mwen te piti.
    Goxqeiuq

Kòd Sekrè:

↑a b c d e f g h i j k l m n o p q r s t u v w x y z↑
↓x b n c t l g k v y w n e q i j r o z a u d m f p s↓

Chwazi repons ou yo pami mo sa yo:

| vwazinaj | maladi | malad | granmoun | tas kafe | dènye | flanm lanmou |
| Iya | lakay | tris | madi | vye sò | kè | |

226

Aktivite Leson 25
Mo Kwaze - Leson 25 - Anbago - Vèb ak ekspresyon

Non: _____ Klas: _____ Dat: _____

Sèvi ak rezilta ou jwenn nan aktivite ak fraz yo pou konplete mo kwaze a.

An travè

1. Antouka nou pa jij men nou ka __ __ __ __ yon ti kesyon. Kote soufrans nou soti?
2. Kote soufrans nou ___ ___ ___ ___? Deyò nou oubyen anndan nou?
3. Kè sere, dlo nan je, ___ ___ ___ ___ ___ ___ ___ ___, nan bilan anbago sou do Ayiti an 1994.
4. Pòtoprens, kapital la ki te bèl tankou pèl, vin pòtre yon timoun mazora, kwatchòkò ki ap fin pa ___ ___ ___ ___ ___ ___ ___ ___ debou.
5. Si nou gen bon sans nou dwe ___ ___ ___ ___ ___ ___ ___ ___ plenn.
6. Nou menm ki ___ ___ ___ ___ jenerasyon sa a, ki jijman listwa prale pote sou nou.

Anba

1. Pòtoprens, kapital la ki te bèl tankou pèl, ___ ___ ___ ___ ___ ___ ___ ___ yon timoun mazora, kwatchòkò ki ap fin pa depafini debou.
2. Pòtoprens, kapital la ki te ___ ___ ___ ___ ___ ___ ___ ___ ___ ___ ___, vin pòtre yon timoun mazora, kwatchòkò ki ap fin pa depafini debou.
3. ___ ___ ___ ___ ___ ___, dlo nan je, trip kòde, nan bilan anbago sou do Ayiti an 1994.
4. Pòtoprens, kapital la ki te bèl tankou pèl, vin pòtre yon timoun mazora, kwatchòkò ki ap ___ ___ ___ pa depafini debou.
5. Pou ki nou pa pran konsyans, pou ki nou pa ___ ___ ___ ___ ___ ___ metòd, pou ki nou pa chanje konsepsyon?

Chwazi repons ou yo pami mo sa yo:

Kè sere	poze	bèl tankou pèl	koumanse	vin pòtre	soti
depafini	chanje	trip kòde	fin	fòme	

Mo Kle Enpòtan - Leson 25 - Anbago - Vèb ak ekspresyon
Non: _____ Klas: _____ Dat: _____

Ekri fraz ak mo sa yo.

Kè sere

koumanse

bèl tankou pèl

depafini

fòme

fin

chanje

trip kòde

vin pòtre

soti

poze

Mo Mele - Leson 25 - Anbago - Vèb ak ekspresyon

Non: _____ Klas: _____ Dat: _____

Chak fraz gen yon mo ki mele. Demele mo a.

1. Pou ki nou pa pran konsyans, pou ki nou pa ___ ___ ___ ___ ___ ___ metòd, pou ki nou pa chanje konsepsyon?
   ahcenj

2. Kè sere, dlo nan je, ___ ___ ___ ___ ___ ___ ___ ___, nan bilan anbago sou do Ayiti an 1994.
   rdòekpti

3. ___ ___ ___ ___ ___ ___, dlo nan je, trip kòde, nan bilan anbago sou do Ayiti an 1994.
   Krseeè

4. Pòtoprens, kapital la ki te ___ ___ ___ ___ ___ ___ ___ ___ ___ ___ ___ ___, vin pòtre yon timoun mazora, kwatchòkò ki ap fin pa depafini debou.
   lèbolunakpèt

5. Pòtoprens, kapital la ki te bèl tankou pèl, vin pòtre yon timoun mazora, kwatchòkò ki ap ___ ___ ___ pa depafini debou.
   fni

6. Si nou gen bon sans nou dwe ___ ___ ___ ___ ___ ___ ___ ___ plenn.
   snmuokea

7. Pòtoprens, kapital la ki te bèl tankou pèl, vin pòtre yon timoun mazora, kwatchòkò ki ap fin pa ___ ___ ___ ___ ___ ___ ___ ___ debou.
   fipndiae

8. Pòtoprens, kapital la ki te bèl tankou pèl, ___ ___ ___ ___ ___ ___ ___ ___ yon timoun mazora, kwatchòkò ki ap fin pa depafini debou.
   nevptirò

9. Nou menm ki ___ ___ ___ ___ jenerasyon sa a, ki jijman listwa prale pote sou nou.
   femò

10. Kote soufrans nou ___ ___ ___ ___? Deyò nou oubyen anndan nou?
    isto

11. Antouka nou pa jij men nou ka ___ ___ ___ ___ yon ti kesyon. Kote soufrans nou soti?
    oezp

Chwazi repons ou yo pami mo sa yo:

trip kòde	vin pòtre	chanje	fin	Kè sere	
bèl tankou pèl	poze	fòme	soti	depafini	koumanse

Kòd Sekrè - Leson 25 - Anbago - Vèb ak ekspresyon

Non: _____ Klas: _____ Dat: _____

Nan chak fraz dekode mo a.

1. Antouka nou pa jij men nou ka ___ ___ ___ ___ yon ti kesyon. Kote soufrans nou soti?
   ckjo

2. Si nou gen bon sans nou dwe ___ ___ ___ ___ ___ ___ ___ ___ plenn.
   qkwphvgo

3. Nou menm ki ___ ___ ___ ___ jenerasyon sa a, ki jijman listwa prale pote sou nou.
   xkpo

4. Pòtoprens, kapital la ki te bèl tankou pèl, ___ ___ ___ ___ ___ ___ ___ ___ yon timoun mazora, kwatchòkò ki ap fin pa depafini debou.
   suvcknio

5. ___ ___ ___ ___ ___ ___, dlo nan je, trip kòde, nan bilan anbago sou do Ayiti an 1994.
   Qogoio

6. Pòtoprens, kapital la ki te bèl tankou pèl, vin pòtre yon timoun mazora, kwatchòkò ki ap ___ ___ ___ pa depafini debou.
   xuv

7. Kè sere, dlo nan je, ___ ___ ___ ___ ___ ___ ___, nan bilan anbago sou do Ayiti an 1994.
   niucqkeo

8. Pòtoprens, kapital la ki te bèl tankou pèl, vin pòtre yon timoun mazora, kwatchòkò ki ap fin pa ___ ___ ___ ___ ___ ___ ___ ___ debou.
   eochxuvu

9. Pou ki nou pa pran konsyans, pou ki nou pa ___ ___ ___ ___ ___ ___ metòd, pou ki nou pa chanje konsepsyon?
   zdhvto

10. Pòtoprens, kapital la ki te ___ ___ ___ ___ ___ ___ ___ ___ ___ ___ ___ ___ , vin pòtre yon timoun mazora, kwatchòkò ki ap fin pa depafini debou.
    aoynhvqkwcoy

11. Kote soufrans nou ___ ___ ___ ___? Deyò nou oubyen anndan nou?
    gknu

Kòd Sekrè:

a	b	c	d	e	f	g	h	i	j	k	l	m	n	o	p	q	r	s	t	u	v	w	x	y	z
h	a	z	e	o	x	f	d	u	t	q	y	p	v	k	c	b	i	g	n	w	s	l	r	m	j

Chwazi repons ou yo pami mo sa yo:

| soti | fòme | poze | fin | Kè sere | chanje |
| bèl tankou pèl | depafini | vin pòtre | trip kòde | koumanse | |

Mo Kwaze - Leson 25 - Anbago - Vokabilè

Non: _____ Klas: _____ Dat: _____

Sèvi ak rezilta ou jwenn nan aktivite ak fraz yo pou konplete mo kwaze a.

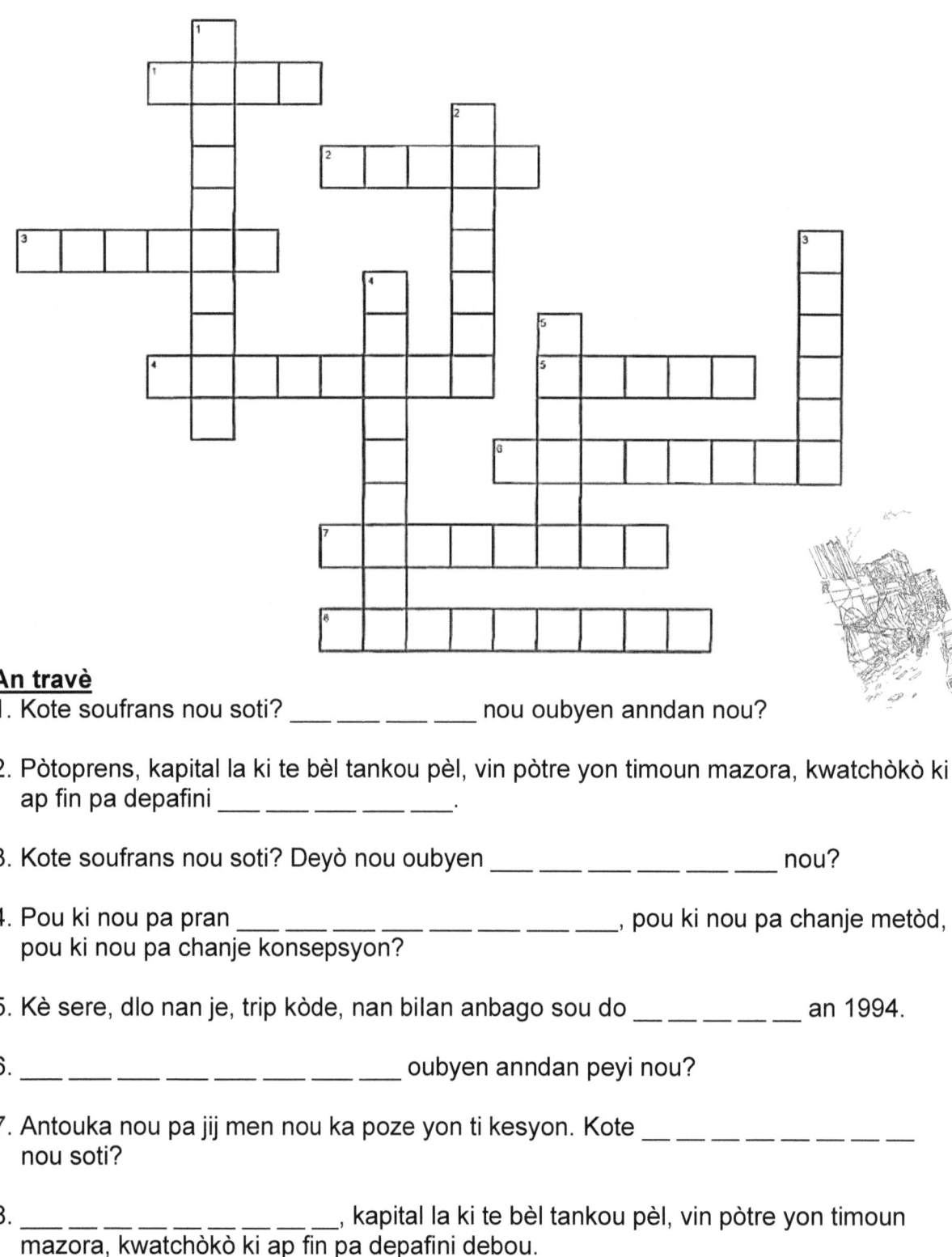

An travè

1. Kote soufrans nou soti? ___ ___ ___ ___ nou oubyen anndan nou?

2. Pòtoprens, kapital la ki te bèl tankou pèl, vin pòtre yon timoun mazora, kwatchòkò ki ap fin pa depafini ___ ___ ___ ___ ___.

3. Kote soufrans nou soti? Deyò nou oubyen ___ ___ ___ ___ ___ ___ nou?

4. Pou ki nou pa pran ___ ___ ___ ___ ___ ___ ___ ___, pou ki nou pa chanje metòd, pou ki nou pa chanje konsepsyon?

5. Kè sere, dlo nan je, trip kòde, nan bilan anbago sou do ___ ___ ___ ___ ___ an 1994.

6. ___ ___ ___ ___ ___ ___ ___ ___ oubyen anndan peyi nou?

7. Antouka nou pa jij men nou ka poze yon ti kesyon. Kote ___ ___ ___ ___ ___ ___ ___ nou soti?

8. ___ ___ ___ ___ ___ ___ ___ ___ ___, kapital la ki te bèl tankou pèl, vin pòtre yon timoun mazora, kwatchòkò ki ap fin pa depafini debou.

231

Anba

1. Nou menm ki fòme ___ ___ ___ ___ ___ ___ ___ ___ ___ sa a, ki jijman listwa prale pote sou nou.

2. Si nou gen ___ ___ ___ ___ ___ ___ ___ nou dwe koumanse plenn.

3. Kè sere, dlo nan je, trip kòde, nan bilan ___ ___ ___ ___ ___ ___ sou do Ayiti an 1994.

4. Pòtoprens, kapital la ki te bèl tankou pèl, vin pòtre yon timoun mazora, ___ ___ ___ ___ ___ ___ ___ ___ ___ ki ap fin pa depafini debou.

5. Pòtoprens, kapital la ki te bèl tankou pèl, vin pòtre yon timoun ___ ___ ___ ___ ___ ___ , kwatchòkò ki ap fin pa depafini debou.

Chwazi repons ou yo pami mo sa yo:

jenerasyon	debou	mazora	Ayiti	
kwatchòkò	Deyò	bon sans	soufrans	konsyans
anbago	anndan	Lòtbò dlo	Pòtoprens	

Mo Kle Enpòtan - Leson 25 - Anbago - Vokabilè

Non: _____ Klas: _____ Dat: _____

Ekri fraz ak mo sa yo.

anndan

soufrans

jenerasyon

Lòtbò dlo

anbago

Pòtoprens

mazora

bon sans

Ayiti

debou

konsyans

kwatchòkò

Deyò

Mo Mele - Leson 25 - Anbago - Vokabilè

Non: _____ Klas: _____ Dat: _____

Chak fraz gen yon mo ki mele. Demele mo a.

1. Antouka nou pa jij men nou ka poze yon ti kesyon. Kote __ __ __ __ __ __ __ nou soti?
   nosasurf

2. Kè sere, dlo nan je, trip kòde, nan bilan anbago sou do __ __ __ __ __ an 1994.
   iytiA

3. Kote soufrans nou soti? Deyò nou oubyen __ __ __ __ __ __ nou?
   nndana

4. Kote soufrans nou soti? __ __ __ __ nou oubyen anndan nou?
   yeDò

5. Pòtoprens, kapital la ki te bèl tankou pèl, vin pòtre yon timoun mazora, __ __ __ __ __ __ __ __ __ ki ap fin pa depafini debou.
   tòwckahòk

6. Pòtoprens, kapital la ki te bèl tankou pèl, vin pòtre yon timoun mazora, kwatchòkò ki ap fin pa depafini __ __ __ __ __ .
   obued

7. __ __ __ __ __ __ __ oubyen anndan peyi nou?
   toldòlòb

8. Nou menm ki fòme __ __ __ __ __ __ __ __ __ __ sa a, ki jijman listwa prale pote sou nou.
   jaeseonnry

9. Pòtoprens, kapital la ki te bèl tankou pèl, vin pòtre yon timoun __ __ __ __ __ __, kwatchòkò ki ap fin pa depafini debou.
   zonnaa

10. __ __ __ __ __ __ __ __ __, kapital la ki te bèl tankou pèl, vin pòtre yon timoun mazora, kwatchòkò ki ap fin pa depafini debou.
    toenrspòP

11. Kè sere, dlo nan je, trip kòde, nan bilan __ __ __ __ __ __ sou do Ayiti an 1994.
    aabngo

12. Si nou gen __ __ __ __ __ __ __ nou dwe koumanse plenn.
    sbsoann

13. Pou ki nou pa pran __ __ __ __ __ __ __ __, pou ki nou pa chanje metòd, pou ki nou pa chanje konsepsyon?
    okyssann

Chwazi repons ou yo pami mo sa yo:

Pòtoprens	Lòtbò dlo	konsyans	soufrans	bon sans	debou
anbago	jenerasyon	Ayiti	deyò	mazora	kwatchòkò
anndan					

Kòd Sekrè - Leson 25 - Anbago - Vokabilè

Non: _____ Klas: _____ Dat: _____

Nan chak fraz dekode mo a.

1. Pòtoprens, kapital la ki te bèl tankou pèl, vin pòtre yon timoun mazora, ___ ___ ___ ___ ___ ___ ___ ___ ki ap fin pa depafini debou.
   jidqrutjt

2. Si nou gen ___ ___ ___ ___ ___ ___ ___ nou dwe koumanse plenn.
   htokdok

3. Pou ki nou pa pran ___ ___ ___ ___ ___ ___ ___ ___, pou ki nou pa chanje metòd, pou ki nou pa chanje konsepsyon?
   jtokzdok

4. Kè sere, dlo nan je, trip kòde, nan bilan ___ ___ ___ ___ ___ ___ sou do Ayiti an 1994.
   dohdlt

5. Kote soufrans nou soti? ___ ___ ___ ___ nou oubyen anndan nou?
   mxzt

6. Antouka nou pa jij men nou ka poze yon ti kesyon. Kote ___ ___ ___ ___ ___ ___ ___ nou soti?
   ktpyedok

7. Kote soufrans nou soti? Deyò nou oubyen ___ ___ ___ ___ ___ ___ nou?
   doomdo

8. ___ ___ ___ ___ ___ ___ ___ ___ , kapital la ki te bèl tankou pèl, vin pòtre yon timoun mazora, kwatchòkò ki ap fin pa depafini debou.
   vtqtvexok

9. Pòtoprens, kapital la ki te bèl tankou pèl, vin pòtre yon timoun ___ ___ ___ ___ ___ ___ .
   bdnted

10. Kè sere, dlo nan je, trip kòde, nan bilan anbago sou do ___ ___ ___ ___ ___ an 1994.
    dzcqc

11. ___ ___ ___ ___ ___ ___ ___ ___ oubyen anndan peyi nou?
    ftqhtmft

12. Nou menm ki fòme ___ ___ ___ ___ ___ ___ ___ ___ ___ sa a, ki jijman listwa prale pote sou nou.
    sxoxedkzto

13. Pòtoprens, kapitall a ki te bèl tankou pèl, vin pòtre yon timoun mazora, kwatchòkò ki ap fin pa depafini ___ ___ ___ ___ ___ .
    mxhtp

Kòd Sekrè:

a	b	c	d	e	f	g	h	i	j	k	l	m	n	o	p	q	r	s	t	u	v	w	x	y	z
d	h	r	m	x	y	l	u	c	s	j	f	b	o	t	v	a	e	k	q	p	w	i	g	z	n

Chwazi repons ou yo pami mo sa yo:

anbago	Ayiti	soufrans	kwatchòkò	
konsyans	deyò	anndan	lòtbò dlo	bon sans
debou	Pòtoprens	jenerasyon	mazora	

Konsiltasyon

Schieffelin, B. B., & Doucet, R. C. (1992). The "real" Haitian Creole: metalinguistics and orthographic choice. *Pragmatics, 2*(3), 427-443.

Vernet, P. (1980). Techniques d'écriture du créole haïtien. *Haiti: Le Natal.*

Dejean, Y. F. (1977). *Comment Ecrire Le Creole D'Haiti. (French Text).* Indiana University.

DeGraff, M. (2007). Kreyòl Ayisyen, or Haitian Creole (Creole French). *Comparative creole syntax: Parallel outlines of, 18,* 101-126.

Worksheet Magic 1.2, Developed by GAMCO Educational Software. 1999

www.ingramcontent.com/pod-product-compliance
Lightning Source LLC
Chambersburg PA
CBHW081833170426
43199CB00017B/2717